Laura Sgrò

Stupri sacri

Le storie di Gloria, Mirjam, Samuelle
e di tante altre suore che si sono ribellate
agli abusi dentro la Chiesa

Rizzoli

Pubblicato per

Rizzoli

da Mondadori Libri S.p.A.

Published by arrangement with The Italian Literary Agency

ISBN 978-88-17-19320-7

Prima edizione: marzo 2025

Realizzazione editoriale: móz studio editoriale, Roma

Stupri sacri

A Gloria, Mirjam, Samuelle, Klara e Pia,
le mie ragazze coraggiose.

A tutte le altre, che forse il coraggio lo troveranno grazie
alle testimonianze delle mie straordinarie ragazze.

A chi alla giustizia ci crede ancora,
nonostante tutto.

«Ah! Quel tale che l'ha fatta se le buscherà in cielo.»

santa Bernadette*

«Chi non rispetta il corpo dell'altro, non rispetta la sua anima.»

Marguerite Yourcenar, *Memorie di Adriano*

«Non occorre sperare per intraprendere, né riuscire per perseverare.»

Principe Guglielmo il Taciturno

* Si tratta di un'esclamazione di santa Bernadette davanti a una statua della Madonna delle Acque che non incontrava i suoi gusti, tratta da René Laurentin e Marie-Thérèse Bourgeade, *Logia de Bernadette. Étude critique de ses paroles de 1866 à 1879, 642; Registre des contemporaines*, inchiesta preparatoria della superiora generale di Nevers per il processo di canonizzazione, p. 41 [*traduzione dell'autrice*].

La prima tessera del mosaico

Era uno di quei pomeriggi di inizio primavera che ti chiamano fuori, ideali per stare ovunque tranne che a lavorare: sole tiepido, aria frizzante, giornate che si allungano, voglia di camminare senza meta per perdersi tra le stradine nascoste di Roma, lontana dalle folle di turisti e dal viavai caotico di chi va al lavoro. In quei vicoli appartati, il tempo sembra scorrere più lento e la città svela il suo volto più autentico e intimo.

Io invece me ne stavo alla mia scrivania sommersa dalle carte senza nessuna voglia di risolvere dilemmi giudiziari, e quando squillò il cellulare lo intesi come un atto della provvidenza. Lessi sul display il nome di un'amica. Perfetto, pensai, venti minuti di chiacchiere sono quello che ci vuole, e giurai a me stessa, per tenere a bada il senso di colpa, che poi mi sarei messa sul serio a lavorare.

La mia amica, di cui non dirò il nome per tutelarla, non aveva invece nessuna voglia di fare pettegolezzi, e il suo tono era piuttosto greve e serio. «Devi aiutare una mia paziente» mi disse perentoria dopo un veloce saluto iniziale.

Abbandonai definitivamente il desiderio di leggerezza e l'ascoltai attenta.

Mi chiese di ricevere il prima possibile una persona, perché aveva un problema serio e necessitava di aiuto immediato.

Aprii Google Calendar e fissai l'appuntamento già per il giorno successivo.

«Verrà a nome mio, il resto te lo racconterò a voce. Grazie.» E attaccò.

Non era da lei essere sbrigativa né così misteriosa, ma non ero in vena di farmi troppe domande, perciò accantonai presto quella telefonata e decisi che, per quel pomeriggio, proprio non era il caso di starmene chiusa nel mio studio a lavorare. Indossai il soprabito leggero, presi la borsa e uscii. Piazza Barberini brulicava di turisti troppo indaffarati. Non vedevo l'ora di scappare anche da loro.

Il giorno dopo, l'udienza in tribunale si era protratta ben oltre l'ora di pranzo. Rientrai in studio che erano le tre passate. Mangiai un toast che avevo comprato al bar di Marco e Paolo, e, mentre bevevo il caffè, sentii suonare il citofono.

Fui avvisata che la mia nuova cliente mi attendeva in sala riunioni. Finii di mandare giù il mio caffè, mi lavai i denti e la raggiunsi. Quando aprii la porta non riuscii a nascondere il mio stupore.

«Non le avevano detto che sono una suora?»

«No» risposi. La mia amica psicoterapeuta aveva omesso questo piccolo dettaglio e già stavo pensando a come fargliela pagare.

«Sono suor Maria» si presentò con voce flebile.

«Benvenuta, suor Maria.»

Le strinsi la mano e mi accomodai di fronte a lei.

Maria è un nome di fantasia, ma tutto quello che mi raccontò, purtroppo, era vero.

«La dottoressa mi ha detto che mi sto spegnendo.»

Era magra, Maria. Sottile, fragile, delicata, quando le strinsi la mano avevo quasi paura che si rompesse. Una bambolina di porcellana pallida con il velo. Me la immaginai con i capelli lunghi, avrei voluto chiederle com'era prima che prendesse i voti, quando te li fanno tagliare.

Le chiesi invece come potevo aiutarla. Mi guardava in silenzio. Aveva le spalle incurvate, la testa bassa, le gambe serrate e le manine secche poggiate sulle gambe.

«Gradisce prima un caffè?»

Fece di no con la testa.

«Dell'acqua? Un succo di frutta?»

Di nuovo no.

Silenzio ancora.

«Maria, cosa le è capitato?»

Alzò la testa, lasciò cadere le mani lungo il corpo e mi disse con tutta la forza che aveva: «Sono stata stuprata!».

Quell'affermazione le uscì quasi come un urlo, poi tornò il silenzio.

La vidi che piangeva, le lacrime cominciarono a scorrere lente su quel viso giovane che pareva invecchiato dal dolore. Le passai un fazzoletto, la invitai a bere dell'acqua e mi andai a sedere accanto a lei. Bevve lentamente, posò il bicchiere e fece un gran respiro.

Maria, con enorme difficoltà, mi raccontò degli abusi subiti. Era stata violata in tutti i modi, da un sacerdote che probabilmente non aveva fatto questo solo a lei.

Si era confidata con una consorella che aveva pensato bene di raccontare tutto alla madre superiora. Da quel momento era cominciato per lei un altro inferno: quello dell'isolamento e della paura.

Non era vero niente, dicevano, Maria si era inventata tutto, e se qualcosa fosse pure stata vera, la colpa era comunque la sua. Chissà cosa aveva detto a quel povero sacerdote per indurlo a metterle le mani addosso, sicuramente aveva cominciato lei; e come aveva provocato quel fragile servo di Dio, capitato nelle mani di una puttana che portava il velo senza vergogna!

Pensavo di avere già sentito tutto, quando Maria scoppiò a piangere, questa volta era un pianto isterico, che non riusciva a fermare. Quando finalmente si placò mi prese la mano e mi disse singhiozzando: «Hanno anche ammazzato mio figlio!».

L'avevano costretta ad abortire.

La invitai a denunciare, perché tutto quel peso non poteva portarselo addosso da sola. La stava schiacciando. Le dissi che doveva ribellarsi, che doveva gridare quello che stava subendo, doveva difendersi, chiedere giustizia. Le spiegai che non doveva limitarsi a rivolgersi alle autorità ecclesiastiche, ma che doveva andare dalla polizia o dai carabinieri o in procura. Perché chi fa queste cose merita il carcere. Chi compie un abuso deve pagare.

Mi promise che ci avrebbe pensato, che mi avrebbe richiamata presto.

«Suor Maria, non rinunci alla verità, non rinunci alla giustizia.»

La accompagnai alla porta e mi abbracciò.

Non l'ho più sentita.

Maria è stata la prima a venire da me e mi ha graffiato il cuore.

1

Quando l'esercizio del potere non è evangelico

All'ombra dei conventi e delle case religiose, da troppi anni si consuma un dramma silenzioso o, sarebbe meglio dire, taciuto, nascosto, volutamente sotterrato. Le mura che dovrebbero proteggere, coltivare e nutrire la vocazione di migliaia di donne consacrate spesso nascondono storie di dolore, sopraffazione e abusi. Soltanto negli ultimi anni, queste voci sommesse stanno iniziando a farsi sentire, rompendo un silenzio che potremmo definire secolare.

Nel 1995, suor Maura O'Donohue presentò alla Congregazione per i religiosi in Vaticano un rapporto allarmante che copriva ben ventitré Paesi nel mondo. Il documento, rimasto segreto per anni, parlava anche di «suore costrette ad abortire» e di «sacerdoti che consigliavano la pillola anticoncezionale». Riportava, tra i tanti, anche il caso di ventinove religiose, appartenenti alla stessa congregazione, che erano rimaste incinte, e spiegava che le suore erano considerate partner sessuali «sicure» dai preti che avevano paura di contrarre l'Hiv.

> Cose agghiaccianti: una superiora che, in Africa, era ricorsa al vescovo a causa dello stato di gravidanza di ventinove suore abusate da preti diocesani fu sollevata dall'incarico con tutto il capitolo; suore violate, lasciate sole con il loro bambino a rischio di indigenza totale e ridotte ad assumere il ruolo

> di seconda o terza moglie in una famiglia o a diventare prostitute; era opinione diffusa che le suore costituivano l'obiettivo sicuro da un punto di vista sanitario per le esigenze sessuali dei preti, non garantiti dai contagi se frequentavano le prostitute; alcuni preti suggerivano alle suore prese di mira di assumere contraccettivi con il falso pretesto che servivano contro l'Aids; una suora indotta all'aborto dal prete che aveva abusato di lei morì per le conseguenze dell'intervento, e fu il responsabile della sua rovina a celebrarne il funerale.

Nel 1998 un altro rapporto «agghiacciante», questa volta di suor Marie McDonald, sosteneva che era «comunemente asserita l'esistenza di molestie sessuali e persino di stupri da parte di preti e vescovi nei confronti di suore. Talvolta, quando una suora viene messa incinta, il prete insiste perché abortisca. Di solito la suora viene allontanata dalla sua congregazione mentre il prete, spesso, viene solamente trasferito in un'altra parrocchia o inviato a studiare». Qualche volta, invece, l'abusatore resta comodo sulla sua poltrona, nel suo ufficio o nel suo bel palazzo, mentre le conseguenze dovrà affrontarle solo la suora. Casi di abusi e molestie si verificavano anche quando le religiose si trasferivano all'estero per studiare: «Queste suore frequentemente si rivolgono a seminaristi e preti per un aiuto nello scrivere tesine. Le prestazioni sessuali sono, alcune volte, il pagamento che debbono offrire per un tale aiuto».

Gli abusi per il diritto allo studio.

Il rapporto prosegue raccontando come lo sradicamento di giovani donne, spesso ancora fragili nella loro vocazione, avviene attraverso pratiche di reclutamento che ignorano le più elementari cautele: congregazioni che, nella loro ansia di espansione, cercano nuove vocazioni in Paesi di cui non conoscono il tessuto culturale né le dinamiche sociali profonde. Non di rado, questa ricerca affannosa viene alimentata da sacerdoti locali che si prestano a un'opera di mediazione superficiale e frettolosa.

Il trauma dello sradicamento si manifesta con particolare intensità nelle giovani suore inviate a studiare all'estero – Roma, Europa, Stati Uniti – dove si trovano ad affrontare una solitudine lacerante. Mentre per seminaristi e sacerdoti le istituzioni ecclesiastiche predispongono strutture di accoglienza adeguate, le religiose vengono spesso abbandonate a loro stesse nella ricerca di un alloggio dignitoso, in una dolorosa manifestazione di disparità strutturale.

La vulnerabilità di queste giovani donne è aggravata dalla loro età: troppo acerbe per reggere il peso di un tale sradicamento, si ritrovano prive di guide spirituali, di sostegno emotivo e, non di rado, di quella solida formazione religiosa che potrebbe fungere da àncora nei momenti di smarrimento. A peggiorare la situazione già drammatica, concorre spesso anche la mancanza della conoscenza della lingua, che non consente a queste donne di creare relazioni con persone estranee a quelle della stretta cerchia del convento. Il dramma, poi, si amplifica ulteriormente quando emerge che molte di loro non possiedono nemmeno gli strumenti educativi di base per affrontare gli studi superiori, o si scontrano con l'ostacolo devastante di una conoscenza insufficiente della lingua di studio, che le condanna a un isolamento ancora più profondo.

> Sembra che una suora trovi impossibile opporsi a un prete che chiede prestazioni sessuali. Ella è stata educata a considerare se stessa inferiore, a essere servizievole e a obbedire, persino al suo fratello minore. È comprensibile allora che una suora trovi impossibile negarsi a un ecclesiastico. Questi uomini sono visti come «figure di autorità» cui bisogna ubbidire.

«Obbedire» è la parola chiave. Le suore debbono obbedire.

La struttura gerarchica della Chiesa, con il suo squilibrio di potere tra uomini e donne, ha creato quindi un terreno fertile per gli abusi, e questa analisi coglie in pieno un aspetto cruciale: l'abuso non è solo frutto di devianze individuali, ma di un sistema che rende le religiose soggetti estremamente vulnerabili.

Il carisma «buono» e il carisma «cattivo»

> *Carisma* s. m. [dal lat. eccles. *charisma*, gr. *χάρισμα*, der. di *χάρις* «grazia»] (pl. *-i*, ant. *carìsmati*). – 1. Nel linguaggio religioso, la grazia come dono elargito da Dio. In partic., nel linguaggio teologico cristiano il termine indica o la semplice grazia santificante infusa a tutti i credenti col battesimo (talora usato anche come sinon. di *sacramento* in genere) o, in senso stretto, un dono soprannaturale straordinario concesso a una persona a vantaggio della comunità (per es., il dono dell'infallibilità, la virtù profetica, la possibilità di operare guarigioni miracolose): *possedere, esercitare un carisma.* 2. Nelle scienze sociali, il termine, introdotto nel 1922 da M. Weber, e poi largamente diffusosi, indica il complesso delle facoltà e dei poteri straordinarî che una persona possiede e che le vengono riconosciuti all'interno di un gruppo religioso, culturale o economico, o nella società, consentendole l'assunzione di un ruolo direttivo. 3. estens. Capacità di esercitare, grazie a doti intellettuali o fascino personale, un forte ascendente sugli altri e di assumere la funzione di guida, di capo: *il c. di un uomo politico*; *un attore dotato di grande c.*; *avere, non avere carisma.*

Il carisma, come abbiamo appena letto dalla definizione che ne dà il vocabolario Treccani, può avere quindi diversi significati, a seconda del contesto in cui viene utilizzato. In ogni caso, rimane una qualità che esercita un'influenza profonda sugli individui e sulle comunità, sia essa di natura spirituale, sociale, psicologica o artistica. Il carisma non è un concetto statico o monolitico, si manifesta in molti modi differenti, e questi modi possono essere, a seconda dei casi, buoni ma anche cattivi.

> Ho denunciato Rupnik nel 1993, la mia testimonianza fu «ridimensionata», «insabbiata», nascosta perfino alle sorelle della Comunità Loyola. La fondatrice della Comunità, Ivanka Hosta, l'arcivescovo di Lubiana, il provinciale dei gesuiti sloveni, padre Bratina, padre Špidlík, il padre spirituale di Rupnik, i suoi superiori a Roma: ognuno con la propria motivazione e interesse personale ha evitato lo scandalo offrendo a Rupnik protezione e sostegno per la fondazione del Centro Aletti.
> A me hanno lasciato tutta la sofferenza e la devastazione degli otto anni di abusi, nessuno ha mai chiesto di parlare con me, tutti lo hanno fatto al «mio posto». Per questo dopo trent'anni, dopo che la Chiesa mi ha chiesto di nuovo di rivivere quell'angoscia e quella disperazione chiamandomi a testimoniare il 10 dicembre 2021 per l'indagine preliminare al dicastero per la Dottrina della Fede, ho raccontato tutto quello che avevo subito nei minimi dettagli. Non posso più tacere, essere rinchiusa nel silenzio assordante di tanti anni.[1]

A parlare è Gloria. È tra le ultime di una lunga serie di religiose che in questi anni, da quando Maria ha fatto il suo ingresso nel mio studio per poi sparire per sempre, si sono rivolte a me per essere aiutate. Alcune le incontreremo in queste pagine, altre hanno deciso di restare nell'oblio.

Gloria e Mirjam, le cui dolorose vicende verranno analizzate in dettaglio più avanti nel libro, avevano cominciato a raccontare la loro vicenda a Federica Tourn, una bravissima giornalista che scrive per il quotidiano «Domani». Federica le aveva persuase del fatto che, per aiutare loro stesse e anche altre che avevano subito i loro stessi abusi, dovevano rendere pubblica la loro storia. Riuscì così a raccogliere cinque testimonianze, i cui nomi di fantasia delle autrici erano Anna, Ester, Klara, Pia e Roberta, tutelando, in questo modo, la loro identità.

Le storie erano crude, terribili, impattanti. Federica aveva colto ogni passaggio delle atrocità narrate con il garbo, l'umanità e la professionalità che la caratterizzano. Avevo letto i suoi articoli apprezzandoli molto, ma ero comunque perplessa sulla effettiva possibilità che queste donne potessero ottenere giustizia. Mi colpì il fatto che, nonostante si cominciasse a parlare dell'oscuro fenomeno degli abusi sulle suore, la stampa italiana se ne interessava abbastanza poco. Meglio, quasi per nulla. Il sito Silere Non Possum[2] (che in latino significa «Non posso tacere») ha pubblicato le prime rivelazioni sul caso agli inizi di dicembre 2022, seguito a stretto giro dalle inchieste di Federica Tourn su «Domani», quotidiano diretto da Emiliano Fittipaldi, un bravissimo giornalista di inchiesta che stimo molto. Queste pubblicazioni hanno dato il via alla copertura mediatica del caso che poi, successivamente, assai a rilento, si è estesa ad altri media nazionali e internazionali.

Confesso che al tempo non me ne appassionai, vedevo pochi margini di azione e di soluzione, anche perché, nonostante la gravità dei fatti narrati, come ho detto, vi era un livello di attenzione dei media incredibilmente basso.

Oportet ut scandala eveniant è un antico brocardo che ha ancora il suo perché. In determinate occasioni gli scandali possono anche essere utili, perché mettono in crisi una situazione stagnante o perché, rivelando un male, danno occasione di curarlo. Tale citazione, con parole assai simili, la ritroviamo anche nel Vangelo, che, tuttavia, così prosegue: «[...] *verumtamen vae homini per quem scandalum venit*», «[...] guai però all'uomo per opera del quale avviene lo scandalo».[3]

Ora, al netto delle responsabilità di cui parla Matteo – non è questo il contesto per un approfondimento –, quello scandalo tanto scandalo ancora non era. Nessuna levata di scudi a favore delle vittime, nessuna indignazione. Così mi dimenticai di quella vicenda, o meglio, non la approfondii ulteriormente e la lasciai andare. Ogni tanto leggevo qualcosa e storcevo il naso.

I primi giorni di febbraio del 2024 ricevetti una telefonata da parte di due cari amici, Filippo Piscopo e Lorena Luciano.

Ci conoscevamo da qualche anno, anche se non ci eravamo mai incontrati, parlandoci sempre in call o in videocall. Filippo e Lorena sono due italiani coraggiosi e indipendenti che vivono e lavorano a New York. Stavano realizzando un documentario sugli abusi nei confronti delle suore con la loro casa di produzione, e più volte ci eravamo sentiti per un confronto su questa spinosa questione, e anche perché avevano la necessità di approfondire le loro conoscenze sulle procedure ecclesiastiche, di cui erano digiuni.

Se una cosa buona mi ha regalato il mio dottorato in Diritto canonico, è stata quella di farmi conoscere tante belle persone intenzionate ad aiutare vittime di abusi nell'ambito della Chiesa.

Filippo e Lorena, gentili ma diretti come sempre, mi chiesero aiuto. Mi aggiornarono sul loro lavoro, mi raccontarono di Gloria e Mirjam e aggiunsero che quelle donne avevano urgente bisogno di un avvocato. Mi dissero che Gloria e Mirjam mi conoscevano di fama e che volevano contattarmi, ma non sapevano come, e mi dissero pure che non avevano molti mezzi economici a loro disposizione da investire in assistenza legale. Risposi ai miei amici che prima di parlare di qualsiasi cosa, onorari compresi, per me sarebbe stato necessario incontrarle. Avrei valutato di assisterle solo se le avessi ritenute credibili. Era la mia condizione di procedibilità.

Qualche giorno dopo Gloria e Mirjam vennero in studio. Timide e un po' curiose si guardavano attorno. Le feci accomodare e cominciammo a parlare. Ci studiavamo a vicenda. Mi raccontarono la loro storia, senza fronzoli. Le osservavo con attenzione, guardavo la loro gestualità, mi soffermai sulle loro espressioni e sulle loro pause. Non c'era nulla di costruito in loro, neppure una sovrastruttura, neanche un pensierino a effetto preparato da casa solo per fare colpo su di me. Feci loro qualche domanda, cercando di non essere invadente. Mi colpì la loro pacatezza, che stonava con il lacerante contenuto del loro vissuto. Non c'era livore nel loro parlare, non c'era odio e neppure desiderio di vendetta. E mi guardavano dritta negli occhi. Questa cosa mi piacque molto.

Ognuna mi raccontò la propria storia.

Gloria è stata abusata dal suo padre spirituale, vittima del suo carisma, dalla persona alla quale aveva affidato la sua vocazione, il suo discernimento, la sua volontà di donarsi a Dio. Ha subito il tradimento peggiore, perpetrato da colui che è il padre della famiglia estesa di chi abbraccia un percorso di fede. È l'uomo di cui chi fa un percorso di discernimento vocazionale o una suora si fida più di chiunque altro, perché è «Voce di Dio». E allora quello che è avvenuto, in definitiva, non posso non considerarlo un atto incestuoso: è il padre ad averla tradita, è il padre ad averla violata. Gloria mi spiegò che Rupnik si era fatto spazio nella sua coscienza, che aveva preso il controllo e la vigilanza su di lei, il controllo delle sue debolezze, del suo corpo, della sua sessualità, della sua carne. Tutto questo appellandosi alla legge divina, alla volontà di Dio, che è al di sopra di quella degli uomini. E proprio perché quello che avviene è, secondo il suo abusatore, volontà di Dio, allora è prezioso, un gioiello da custodire gelosamente. Ma è anche esclusivo, quindi deve essere tenuto nascosto. E infine è qualcosa che può essere usato contro di te se ti ribelli.

Mi raccontò che era stata coinvolta in rapporti sessuali a tre perché anche quella, secondo padre Rupnik, era la volontà di Dio. La Trinità. La perfezione divina utilizzata per fare sesso con più donne. Bella trovata, pensai.

Le chiesi se avesse perso la fede e la risposta fu un secco no, al contrario, la sua, incredibilmente, era diventata proprio una testimonianza di fede. Le chiesi anche se avesse avuto delle relazioni affettive dopo quella terribile esperienza, e mi rispose ancora di no, perché lei la sua vita l'aveva comunque affidata a Dio. Alla Trinità, quella vera.

Mi raccontò chi era stato il suo aggressore. Chi aveva abusato di lei era padre Marko Rupnik, ex gesuita, adesso sacerdote diocesano, celebre per i suoi mosaici e opere d'arte esposti in vari santuari e chiese in tutto il mondo; figura di spicco nel campo dell'arte sacra contemporanea, si era guadagnato l'ammirazione degli ultimi tre pontefici e di molte altre persone illustri.

Non avevo idea di chi fosse prima di leggere di lui, nonostante le mie visite in molti santuari che ospitavano sue opere. Intanto, però, mi ero documentata, e quella di Gloria mi sembrava la storia di Davide contro Golia. Non glielo dissi, ma lo pensai davvero: un'altra storia difficile, in cui le vittime finiranno per essere considerate colpevoli. Padre Rupnik godeva di luce propria e pure di tanti fari che non vedevano l'ora di illuminarlo; quella donna, invece, era lì, con i pugni chiusi e la testa dura di chi sa che ha ragione, e non aveva neppure una candelina accesa che potesse irradiarla.

Sentii l'onda lunga dell'oceano che aveva nel cuore e in quel momento mi conquistò.

Gloria non doveva rinunciare al riconoscimento della verità, perciò le dissi che io non avrei mai consentito a nessuno di riscrivere la mia storia, perché era mia e basta. E che non doveva farlo neppure lei. Nessuno aveva il diritto di riscrivere a suo piacimento quello che lei aveva vissuto con il suo abusatore. Nessuno doveva modificare o correggere o minimizzare quello che aveva subito, il male che c'era stato, il dolore che le era stato causato. Questa era l'unica via per l'affermazione della verità, e lei doveva lottare per arrivare fino in fondo. Il punto alla sua storia aveva diritto di metterlo solo lei.

Compresi successivamente che la mia frase l'aveva molto colpita, perché fu proprio con quelle parole che aprì l'intervento in una conferenza che facemmo poco tempo dopo alla sala stampa estera: ho ancora nitido il ricordo della mia commozione nel sentirla dalla sua voce. Gloria non avrebbe consentito a nessuno di riscrivere la sua storia.

Mirjam, invece, non ha subito abusi sessuali, ma psicologici e di coscienza. Ventiduenne, iniziò la sua vita comunitaria in Slovenia nel 1984, dove visse inizialmente in serenità con un gruppo di tre ragazze; poi nel 1988, con i primi voti, la Comunità Loyola ha il suo inizio ufficiale. La sua vita cambiò drasticamente quando fu mandata a Roma nel 1989: Rupnik le impose di recidere i legami con Gloria e con la sua famiglia, costringendola a scrivere una lettera dolorosa ai genitori. Nel 1993 scoprì con sgomento gli abusi sessuali perpetrati da Rupnik sulle altre suore, di cui fino ad allora era ignara nonostante avesse visto molte consorelle piangere e stare male. Dopo l'allontanamento di Rupnik, Mirjam si trovò a vivere in una comunità diventata opprimente sotto la guida di Hosta. Lasciata la Comunità, ha tentato ripetutamente di denunciare gli abusi alle autorità ecclesiastiche, senza mai ricevere risposta, e oggi continua a sostenere le ex consorelle vittime di quell'esperienza.

Mirjam mi parve subito forte, decisa e con una carica di dolcezza che cercava di mascherare. Si sentiva in colpa per non avere capito prima cosa stesse capitando in Comunità, ma che colpa ne poteva avere?

Dopo i racconti – che riporterò più avanti in tutta la loro dolorosa, cruda e devastante verità – ci fu un momento di sacro silenzio.

Ammirai il loro coraggio. Gloria e Mirjam erano lì perché volevano solo che la loro parola fosse accettata come vera. Due sorelle vere, come avrebbero voluto essere già nella Comunità Loyola. Io credetti alla bontà del racconto di entrambe, perciò ritenni superata la condizione di procedibilità e tutto il resto.

Assisto Gloria e Mirjam *pro bono* da quel giorno – così come le mie altre ragazze coraggiose, che nel tempo sono diventate cinque – e continuerò a farlo finché non avranno giustizia.

2

Abusi in nome di Dio

Il caso Rupnik rappresenta uno degli scandali più gravi e complessi che hanno coinvolto la Chiesa cattolica negli ultimi anni. E anche uno degli scandali che la Chiesa con più forza vuole nascondere sotto il tappeto, che oramai è diventato una montagna. Padre Marko Rupnik è accusato di abusi sessuali, psicologici e spirituali su donne consacrate appartenenti alla Comunità Loyola, da lui fondata con la suora Ivanka Hosta negli anni Ottanta in Slovenia. Queste accuse, che riguardano abusi avvenuti per decenni, hanno scosso profondamente l'opinione pubblica, sollevando anche interrogativi sulla gestione della Chiesa nei confronti di simili crimini; gestione, c'è da dire, che era stata molto criticata anche per i casi di abusi sessuali su minori.

Ma se gli abusi sui minori negli anni sono stati «sdoganati» e anche gli ultimi pontefici sono intervenuti fermamente con delle leggi specifiche per cercare di arginare il fenomeno, questo, purtroppo, non è avvenuto per i casi di abusi sulle religiose, sui quali si addensa una cappa grigia e fumosa.

Le accuse contro Rupnik iniziarono a emergere pubblicamente nel 2021, quando Gloria per prima ne denunciò i comportamenti gravemente abusanti, inclusa la manipolazione spirituale e l'uso della confessione come mezzo per giustificare atti sessuali. Rupnik ha utilizzato una mistica distorta per «spiegare» gli abusi, inserendo elementi spirituali e teologici nelle sue perversioni erotiche, con dinamiche che hanno coinvolto anche altri membri della Comunità.

Uno dei punti controversi di questo caso è il ritardo – ma parlare di ritardo è assai riduttivo – nelle azioni della Chiesa: nonostante la gravità delle accuse, inizialmente il dicastero per la Dottrina della Fede si era rifiutato di aprire un'indagine canonica formale, citando la prescrizione dei reati, avvenuti molti anni prima, poiché coinvolgevano adulti. Tuttavia, dopo le proteste delle donne abusate, che sono partite da una lettera di Gloria, e il crescente scandalo pubblico, nel 2023 papa Francesco ha ordinato di riaprire il caso, revocando la prescrizione e affidando allo stesso dicastero il compito di condurre una nuova indagine. Finita nel porto delle nebbie. Verrebbe da dire che la strada per l'inferno è lastricata di buone intenzioni, se non stessimo parlando di un tribunale della Chiesa.

Le accuse non riguardano solo singoli abusi, ma un sistema complesso di manipolazione psicologica e spirituale che ha condotto anche all'abuso fisico. Testimonianze cui ho avuto accesso hanno descritto come Rupnik avesse creato una struttura di controllo all'interno della Comunità, isolando le vittime e utilizzando la loro devozione religiosa per giustificare le richieste sessuali. Le sue azioni hanno lasciato un segno indelebile su molte delle donne coinvolte, portando a gravi conseguenze psicologiche e spirituali che ne hanno condizionato in maniera profonda le esistenze.

Dal punto di vista formale, Rupnik è stato espulso dall'ordine dei gesuiti nel 2023 per «disobbedienza», in quanto si rifiutava di collaborare con le indagini che lo riguardavano. Tuttavia, la sua incardinazione nella diocesi di Koper, in Slovenia, ha suscitato ulteriori polemiche, evidenziando la difficoltà della Chiesa nel gestire casi di abusi tra i propri membri di spicco.

Inoltre, l'arte sacra di Rupnik, presente in chiese importanti in Vaticano, a Lourdes, a Fatima, a San Giovanni Rotondo, ha aperto un altro fronte di discussione sull'opportunità o meno di «coprire» o spostare altrove quelle opere.

Questa storia, di cui per ora stiamo riportando solo i momenti chiave, solleva domande cruciali sulle responsabilità della Chiesa nei confronti delle vittime di abuso e sulla necessità di trasparenza e giustizia, soprattutto in situazioni in cui le gerarchie ecclesiastiche sembrano privilegiare la protezione dell'istituzione rispetto alla tutela delle vittime. Ma il caso non è isolato. La Chiesa cattolica è stata spesso accusata di avere coperto casi di abusi sessuali, spirituali e psicologici, soprattutto su donne consacrate. In passato sono già emersi casi di abusi su suore in varie parti del mondo, dal Sud America all'Africa. Religiose hanno riferito di essere state costrette a mantenere il silenzio o di avere subito ritorsioni quando hanno cercato di denunciare gli abusi. Anche in questi casi, il potere e la posizione degli abusatori all'interno della gerarchia ecclesiastica hanno spesso ritardato le indagini o impedito la giustizia.

> Oggi sono come sono. Ma non lo sono per volontà o perché ho detto la parola e la mantengo. Non è questo per niente. È solo una cosa che mi fa vivere, ma che mi precede, che mi porta, che non subisco. Che abito, che non subisco, ma che mi nutre, sono le mie radici e questo mi fa vivere. Mi fa vivere in un modo completamente diverso da quello che ho vissuto prima, diverso da quello che potevo intuire quando avevo tredici anni, diverso da quello che Rupnik ha voluto fare. Ma è un modo proprio che mi appartiene, perché mi è dato da Dio, e questo legame con Lui è del tutto singolare. Nessun altro sulla Terra ha questo legame.

È suor Samuelle a parlare. È riuscita a lasciare il Centro Aletti dopo quattro anni, approfittando della scadenza naturale del periodo di formazione perché non aveva avuto la forza di andarsene prima. Rupnik le aveva instillato l'idea che senza di lui non potesse fare nulla: «Tornerai a mangiare nella mia mano» le diceva. Ci sono voluti anni per liberarsi da questa convinzione e ritrovare la fiducia in se stessa e nelle proprie capacità artistiche.

Nonostante tutto, Samuelle ha mantenuto la sua fede, anche se in modo assolutamente diverso. Dentro di lei è rimasto qualcosa di profondamente radicato che la tiene in vita, che identifica con Dio; non come concetto ma come persona, e questa presenza è qualcosa che la «supporta da sotto, come una madre», in una relazione unica e personale che nessun abuso ha potuto distruggere completamente.

La vicenda degli abusi perpetrati da padre Marko Rupnik non solo all'interno della Comunità Loyola rappresenta un chiaro esempio di come il potere spirituale possa essere distorto per creare forme di servitù volontaria, un concetto che Étienne de La Boétie[4] ha teorizzato nel XVI secolo ma che trova qui una sua drammatica attualizzazione. Il sistema di abusi creato da Rupnik è fondato proprio sulla capacità di trasformare la libera scelta vocazionale delle suore in una forma di sottomissione totale, attraverso un meccanismo che ribalta il senso stesso della *Regola* di Benedetto. Infatti, se nel capitolo 68 la *Regola benedettina* parla di obbedienza come strumento di crescita spirituale all'interno di una comunità che protegge e sostiene, nel «sistema Rupnik» l'obbedienza diventa uno strumento di totale annientamento. Come ha raccontato Gloria: «Ero completamente confusa, lui era il mio direttore spirituale, nonché della Comunità Loyola: mi sentivo in trappola non potendo parlarne con nessuno».

Il processo di assoggettamento iniziava sin dai primi contatti. Klara ha ricordato come Rupnik, quando lei aveva solo sedici anni, «cercava di stabilire un contatto con me confidandomi di essere un artista, il fondatore di un gruppo di giovani». Già allora emergeva quella che sarebbe stata una costante: l'uso del suo ruolo carismatico per creare dipendenza emotiva.

La manipolazione poi si sviluppava attraverso fasi precise. Come abbiamo già ricordato in precedenza, per Samuelle, «i primi due anni furono caratterizzati da un regime di lavoro part-time che non fece altro che creare dipendenza». Per questo si trovava spesso a dovere chiedere in atelier, come una bambina in cerca di attenzione: «Si ricorda di lasciarmi qualcosa da fare?». Le venivano assegnati compiti marginali che la rendevano completamente dipendente dal riconoscimento di Rupnik, e i primi tempi suor Samuelle non partecipava alle trasferte sui cantieri, perciò, quando restava da sola nell'atelier del Centro Aletti, mentre la squadra di mosaicisti partiva con Rupnik per alcune settimane, chiedeva le venisse indicato del lavoro da svolgere durante l'assenza del gruppo.

L'isolamento era uno strumento fondamentale. «I genitori di Pia percepirono che ci fosse un controllo su di lei all'interno della Comunità. Erano fortemente contrariati quando alla figlia fu imposto di lasciare il lavoro con la conseguente perdita di uno stipendio sicuro e ben remunerato oltre che l'assenza della previdenza sociale.» La vedevano come «una prigioniera» in quella Comunità – la Loyola – che lasciava pochi margini di libertà.

Il sistema di controllo si estendeva a ogni aspetto della vita quotidiana. Come testimoniato da suor Samuelle:

> Durante i pasti, studiavo attentamente dove sedermi per evitare il suo sguardo [...]. Al buffet, lui commentava quanto e cosa mangiavo. Un giorno mi disse all'improvviso: «Oh, ma senti, sei tra di noi da un po' ormai... ti sei ingrassata, eh?». E così, quando ha iniziato con questi commenti sul mio peso, ho cominciato a mangiare sempre meno, perdendo tantissimi chili. Avevo capito che era «meglio così», perché il

> suo controllo si estendeva anche a questo aspetto della mia vita. La verità è che non mi pesavo nemmeno, poi diventai magrissima, lo si vede chiaramente nelle foto di quel periodo. Nonostante l'evidenza della mia magrezza, sui cantieri non trovai mai il coraggio di contraddirlo.

Il controllo sul corpo iniziava dal controllo sul cibo, creando una dipendenza totale che avrebbe facilitato gli abusi successivi.

La creazione di una gerarchia interna alla Comunità rafforzava il sistema di controllo. Mirjam ha descritto come la Comunità Loyola venne divisa in due gruppi: «Il primo, composto dalle sorelle più forti che potevano decidere sulla vita delle altre sorelle; le seconde, considerate meno forti, meno brave, meno spirituali». Questa divisione creava un sistema di complicità e controllo reciproco che rendeva più difficile qualsiasi forma di resistenza.

Le sorelle deboli, per sopravvivere, dovevano diventare forti, entrare nella cerchia più vicina a Rupnik e a Ivanka Hosta. Che, senza troppo tergiversare, significava che dovevano loro obbedire.

Ma la vicenda Rupnik rappresenta anche un esempio estremo di trasbordo ideologico inavvertito, dove i concetti e il linguaggio religioso vengono distorti per giustificare ogni forma di abuso e di violenza. Questo processo di manipolazione del sacro emerge chiaramente nelle testimonianze delle vittime, ritrovatesi in uno stato di profondo disorientamento psicologico. Chi lo subisce sperimenta un profondo smarrimento esistenziale, caratterizzato da una doppia frattura: perde i suoi riferimenti valoriali e, contemporaneamente, la capacità di fidarsi del proprio discernimento. È come essere sradicati tre volte: dalla propria storia, da se stessi e dal proprio rapporto con Dio.

Gloria ha raccontato come Rupnik giustificasse gli abusi attraverso un perverso uso della teologia: «Mi baciò sulla bocca e sul seno dicendomi che così baciava l'altare dove celebrava l'eucarestia». Questa blasfema sovrapposizione tra atto sessuale e liturgia rappresenta l'essenza del trasbordo ideologico, dove il sacro viene utilizzato per legittimare la violenza. Dio usato per abusare.

La manipolazione si estendeva fino a distorcere il concetto stesso di Trinità. Gloria ha ricordato come Rupnik le dicesse che il loro rapporto «non era esclusivo ma a immagine della Trinità, quindi senza possesso», utilizzando uno dei più profondi misteri della fede cristiana per giustificare i rapporti sessuali di gruppo.

Il trasbordo ideologico, poi, si manifestava anche nella distorsione del concetto di direzione spirituale. Come ha raccontato Klara: «Mi rimproverava duramente dicendomi tutto quello che non andava bene in me, quello che di "sbagliato" mi stava accadendo». La guida spirituale diventava così uno strumento di dominio psicologico.

Samuelle ha descritto come Rupnik utilizzasse persino le sue opere d'arte come strumento di manipolazione: «Lui succhia la vita degli altri [...]. Il costo della sua gloria è altissimo». L'arte sacra, invece di essere espressione di autentica spiritualità, diventava un mezzo di potere e controllo.

Il sistema di abusi si estendeva anche alla sfera sacramentale. Pia ha raccontato come Rupnik «chiuse la stanza in cui si trovavano lei e lui e si mise la chiave in tasca durante la confessione». Il sacramento della riconciliazione veniva così trasformato in uno strumento di coercizione.

L'uso del corpo delle vittime come strumento di dominazione emerge come elemento centrale di questo sistema di abusi. Non si tratta semplicemente di violenza sessuale, ma di un progetto più ampio di appropriazione dell'altro per aumentare il proprio potere, dove la violenza fisica è solo l'ultimo step.

Come emerge dalle testimonianze, Rupnik cercava di estendere il proprio dominio attraverso il controllo dei corpi altrui. Gloria ha raccontato: «Mi chiedeva di passare a un tipo di rapporto solo pornografico, con il fine di arrivare a un'orgia collettiva con le altre sorelle con le quali già aveva una relazione sessuale». Il sesso di gruppo rappresentava per lui la massima espressione del suo potere di controllo sui corpi delle vittime.

Gloria era stata scelta come tramite per organizzare questa orgia collettiva, dato il suo ruolo di punto di riferimento per molte sorelle della Comunità. Rupnik le disse che doveva fare da intermediaria perché questo tipo di attività era fonte della sua ispirazione artistica.

Il suo compito doveva essere quello della reclutatrice. Una sorta di «ape regina», ruolo già tristemente noto per altri fatti di cronaca.

Durante gli incontri, Rupnik le raccontava in dettaglio presunte esperienze di sesso di gruppo a cui diceva di avere assistito o partecipato in Trentino, descrivendo gli atti sessuali. Come ha ricordato la vittima: «Mi raccontava minuziosamente cosa faceva quel maschio con quella donna».

«Io sono uno che ha potere e uno che domina» diceva Rupnik, anche se, affermava, sessualmente preferiva essere dominato. Criticava infatti Gloria per non essere abbastanza «dominatrice», e le intimava richieste di sottomissione: «Tu mi dovresti chiedere di gattonare sotto il tavolo, mi dovresti frustare».

Per «formarla» la portò due volte al cinema porno. Durante la prima visita, in un cinema sulla via Tuscolana, una signora, notando la giovane età della vittima (che dimostrava molto meno dei suoi ventotto anni), protestò contro Rupnik. Lui reagì violentemente, accusando la donna di essere «una maniaca che se la faceva con tutti i vecchiacci». Durante la proiezione, come ha raccontato Gloria: «Lui mi sedeva vicino e per la prima volta proprio lui mi ha masturbata mentre guardava il film». Le diceva di osservare la «femminilità forte» delle attrici, commentando: «Vedi, guarda quanti maschi ha questa intorno». La seconda volta, in una sala in via Salaria, da cui dopo la visione furono seguiti da un uomo in auto mentre facevano ritorno. Per giustificare i rientri notturni in Comunità, Rupnik usava la scusa del lavoro artistico dicendo che Gloria lo aiutava facendo la base delle sue opere e poi lui ci dipingeva sopra. Dopo il cinema porno e un lungo giro per depistare l'uomo che probabilmente li aveva riconosciuti e seguiti, Gloria disse di essere «tornata alle due e mezzo quella volta di notte [...] e la scusa era perché stavo aiutando Marko a dipingere il volto di Cristo per qualche cappella». E invece.

Rupnik aveva precedentemente ammesso, non con le religiose, ovviamente, di avere avuto una dipendenza dalla pornografia, per la quale si era rivolto a padre Špidlík. Quest'ultimo, invece di scoraggiarlo, gli aveva suggerito di continuare a frequentare i cinema porno recitando le beatitudini: «Beati i puri di cuore perché vedranno Dio».

In base alle testimonianze che ho avuto modo di visionare, almeno una ventina di suore della Comunità ha subito abusi da parte di Rupnik. Con una di loro Gloria fu costretta ad avere rapporti a tre, e si crearono anche incomprensioni e divisioni: «A lei diceva: "Tu non vai bene, è Gloria quella più...". E a me diceva: "Tu devi essere aggressiva sessualmente anche verso di lei"». Ha raccontato anche di rapporti a tre con una donna in particolare, amica della comunità e che era molto vicina a Rupnik e «si vedeva che da sempre viveva sessualmente con Marko». Dopo uno di questi incontri, questa le confidò: «È un po' strana questa cosa dei rapporti a tre, perché in realtà non è bello, perché non c'è intimità, però a lui piace solo così». Questa donna rimase per un periodo come aspirante nella Comunità, svolgendo successivamente il ruolo di governante per il gesuita al Centro Aletti: si occupava della sua biancheria, delle magliette, della cucina, «quasi come se fosse sua moglie».

La violenza fisica era parte integrante del sistema di dominazione. L'episodio più emblematico è quello raccontato da Pia, quando Rupnik le ruppe un dito dicendole: «Ora hai il sigillo permanente della Compagnia di Gesù per sempre». Il corpo ferito diventava un marchio di proprietà, un segno visibile del suo dominio, mentre lui usava il proprio corpo come strumento di potere già durante gli abbracci comunitari: «In Slovenia siete così rigide, in Italia dovete essere più aperte». Questi gesti apparentemente innocui erano il primo passo verso una progressiva appropriazione del corpo dell'altro.

Il controllo si estendeva anche all'aspetto esteriore. C'era questa sua ossessione per l'aspetto di Samuelle. Continuava a ripeterle che era poco femminile, «sottolineando spesso che sembravo una suora». Ma lei *era* una suora.

La sua giornata iniziava con la messa, dove naturalmente indossava l'abito religioso, per poi cambiarsi come tutti gli altri per andare a lavorare. Lui la osservava in entrambe le situazioni, sempre pronto a commentare.

> Un episodio in particolare mi è rimasto impresso. Una volta, appena usciti dalla messa, mi ha fermato nel cortile per dirmi: «Ma senti, tu non ti fai mai le unghie, come mai?». Incredibile come questa fosse la sua priorità subito dopo una funzione religiosa! Si preoccupava delle unghie delle mani, dei piedi... proprio io che passavo le giornate a lavorare manualmente... La sua attenzione si è poi spostata sui miei capelli. «Ma tu hai un pettine?» mi ha chiesto un giorno, per poi ordinarmi: «Non si può andare avanti così, vai a comprare un pettine». Ho obbedito, e ogni mattina mi sforzavo di sistemarmi al meglio. Lui controllava: «L'hai comprato?». E io: «Sì, sì».

La questione dell'abbigliamento era ancora più complessa. Durante i viaggi sui cantieri, Samuelle non poteva indossare l'abito religioso, non era un ordine ma era più pratico, solo che all'inizio non aveva vestiti adatti perché in Comunità non ne aveva bisogno. Apparentemente premuroso, lui le disse: «Ti affido a una delle nostre sorelle, così lei ti aiuta». Le fece avere dei jeans, delle scarpe... sembrava un gesto gentile. Ma poi iniziò con le pretese: «Adesso hai il minimo indispensabile, però devi imparare a vestirti veramente da donna cristiana. C'è una femminilità cristiana che tu devi scoprire». Queste parole per lei erano incomprensibili.

Cosa intendesse per «femminilità cristiana» restava un mistero. Gonne lunghe, lunghissime... Capiva che doveva osservare come si vestivano le altre sorelle ammesse e cercare di imitarle. Ma il suo vero obiettivo le sfuggiva. Evitava accuratamente di affrontare l'argomento con lui, mantenendo un profilo basso nella speranza che smettesse di parlarne. Poi un giorno lo sentì fare gli stessi identici discorsi con un'altra ragazza. «Il cuore mi si è stretto: "Ecco, sta facendo con lei quello che ha fatto con me. Povera, dev'essere terribile".»

L'imposizione di un determinato modo di presentarsi era funzionale alla sua strategia di dominio. Ma l'appropriazione del corpo dell'altro si manifestava anche attraverso l'arte.

Gloria ha raccontato come le chiedesse di posare per i suoi quadri: «Doveva disegnare la clavicola di Gesù e non voleva delle modelle "del mondo"». Il corpo della vittima veniva così oggettivato e trasformato in strumento della sua arte sacra.

Dalle testimonianze delle vittime emerge come Rupnik avesse elaborato una strategia di controllo totalizzante che si articolava su più livelli: partiva dal dominio fisico attraverso gli abusi, ma mirava a una forma di possesso ben più profonda. Attraverso una manipolazione psicologica sistematica, cercava di plasmare il pensiero delle vittime, di ridefinire la loro visione del mondo e persino il loro rapporto con il divino. La dimensione sessuale era dunque solo lo strumento più visibile di un progetto che ambiva al controllo totale della persona: corpo, mente e spirito. Un tentativo di appropriazione dell'altro che arrivava a toccare gli strati più intimi dell'essere, fino alla dimensione spirituale e alla loro relazione con Dio.

L'emergere pubblico di queste drammatiche vicende rappresenta allora una frattura decisiva nel muro di omertà che ha custodito e perpetuato un sistema perverso di sopraffazioni. La lucida testimonianza di Samuelle coglie l'essenza di questi meccanismi di potere quando afferma che «in un sistema abusante nessuno è innocente. Si rischia di essere sempre complici, in maniera attiva ma anche passiva: il gruppo fa parte del problema, permette gli abusi, dal suo silenzio essenzialmente, dalla sua negazione. L'unica salvezza è uscirne completamente».

Le voci di queste donne, che con coraggio hanno scelto di rompere il silenzio, vanno ben oltre la denuncia dei terribili abusi subiti. Le loro testimonianze diventano una chiave di lettura preziosa per comprendere i meccanismi sotterranei attraverso cui il potere spirituale può essere distorto e trasformato in uno strumento di dominio assoluto. Raccontando le loro storie, queste «ragazze coraggiose», come le chiamo io, non solo denunciano un passato di violenze, ma offrono alla Comunità gli strumenti per riconoscere e prevenire futuri abusi. La loro parola diventa così non soltanto memoria e denuncia, ma anche luce che illumina e guida, trasformando il dolore personale in consapevolezza collettiva e possibilità di cambiamento.

La loro testimonianza diventa così un atto d'amore.

3

Ragazze coraggiose

Gloria, Mirjam e io, dopo quel primo incontro nel mio studio, ci mettemmo subito al lavoro. Dovevo conoscere ogni cosa rispetto alla loro storia. Dovevo capire come tutto quell'orrore era potuto capitare.

La prima cosa che ebbi modo di appurare era la straordinaria sorellanza che Gloria e Mirjam condividevano. Sempre insieme, senza nascondimenti, senza segreti. L'una a conforto dell'altra. Questa cosa mi colpì molto allora e l'ho ritrovata nel corso del tempo. Sorelle vere, nella condivisione positiva nel dare, ma anche nella consolazione.

Nel tempo, da quella sorellanza mi sono sentita coinvolta e accolta anche io, in molte occasioni. Me ne ricordo una bellissima. Eravamo andate a Milano per partecipare a *Quarto Grado*, un programma condotto da Gianluigi Nuzzi su Rete 4. Il nostro intervento era registrato, per cui arrivammo al pomeriggio direttamente negli studi Mediaset a Cologno Monzese. Gianluigi, così come Anna Boiardi, Alessandra Viero e Sebastiana Cutugno, ci accolsero al meglio. Io mi sono sempre sentita a casa con loro, e credo fu lo stesso anche per Gloria e Mirjam. Dopo la registrazione andammo in albergo per cambiarci velocemente per la cena. Mangiammo la pizza, che non era affatto male. A Gloria la pizza piace moltissimo, e devo dire che la cucina anche molto bene. Subito dopo, rientrammo per vedere tutte insieme la trasmissione. Ero veramente molto stanca, a rischio crollo di sonno, così le mie ragazze decisero che avremmo guardato la televisione nella mia camera. Fu davvero molto bello passare quel tempo a chiacchierare e a commentare il programma. In realtà ci distraemmo molto finché non arrivò il nostro servizio, che seguimmo con attenzione. Loro furono bravissime: a dire la verità non si sbaglia mai. Prima di andar via, a notte fonda, mi rimboccarono le coperte – il sonno aveva vinto su di me, a quel punto –, lasciandomi addosso una coltre di amore. Dormii beata.

Non so se loro mi considerano una sorella, io però, loro sorella mi ci sono sentita.

Ma torniamo ai nostri primi incontri.

Chiesi loro un colloquio separato. Le mie domande sarebbero state invadenti, troppo intime, ancora non sapevo quanto bene Gloria e Mirjam si volessero, quanto profondo fosse il loro rapporto. Più avanti, non ci fu più bisogno di divisorio. Quella storia l'avevano vivisezionata insieme e insieme – ognuna con il proprio bagaglio – se ne facevano carico.

Erano stupende.

Cominciammo così a mettere insieme i primi tasselli del puzzle. Quell'opera di chirurgia adesso la facevamo in tre. Cercavo di essere attenta, non troppo invadente, ma dovevo sapere e soprattutto dovevo capire. Dovevo avere chiaro perché padre Rupnik aveva fatto loro quelle cose e perché loro gli avevano consentito di farlo.

Non sarebbe stato un lavoro facile, ma avevamo comunque voglia di farlo insieme.

Anne Barrett Doyle è una donna molto tenace e risoluta e ha dedicato la sua vita a gettare luce sugli angoli più bui della Chiesa cattolica. Come codirettrice di BishopAccountability.org, dal 2003 ha creato e gestisce quello che oggi è considerato il più vasto e autorevole archivio mondiale sui casi di abuso clericale, ma il suo lavoro va ben oltre la semplice catalogazione: ha sviluppato un approccio rigoroso alla documentazione che combina la meticolosa raccolta di prove con una profonda analisi dei modelli sistemici degli abusi. Così, attraverso questo database, fornisce uno strumento prezioso non solo per giornalisti e ricercatori, ma soprattutto per le vittime, che possono trovare nelle sue ricerche conferma e documentazione delle loro esperienze.

Anne Barrett Doyle aveva organizzato per il 21 febbraio 2024 una conferenza stampa a Roma, presso i locali della stampa estera, nell'anniversario del vertice sugli abusi sui minori convocato da papa Francesco in Vaticano nello stesso giorno di febbraio di cinque anni prima.

Gloria e Mirjam decisero di parteciparvi, uscendo dall'anonimato. Non più «Anna» ed «Ester», i nomi di fantasia che avevano utilizzato per raccontare le loro storie alla giornalista Federica Tourn, ma Gloria Branciani e Mirjam Kovač.

Erano state loro ad avere subito abusi da parte di padre Rupnik: ora avevano un volto e con coraggio decidevano di mostrarlo.

Fu una giornata emozionante alla fine della quale creai un gruppo WhatsApp, chiamandolo «Le mie ragazze coraggiose», che adesso conta cinque donne straordinarie più me.

Quel giorno Gloria e Mirjam vennero da me in studio per recarci insieme in sala stampa, che sarebbe stata gremita di giornalisti. Mi chiesero consiglio su come approcciarsi, erano giustamente molto emozionate.

«La verità è la più grande furbizia» dissi. Dovevano solo renderla pubblica. Io sarei stata con loro, le avrei tutelate, avrei bloccato eventuali domande inopportune. Loro dovevano solo – si fa per dire – raccontare quello che avevano vissuto e per quello chiedere giustizia. Ci abbracciammo e chiamammo un taxi. Con noi c'erano anche l'avvocato Isabella Luciani, la mia fidatissima collaboratrice, e mio marito

Giuseppe, al quale chiesi di venire con un compito ben preciso, quello di valutare quanto impattante fosse il racconto di Gloria e Mirjam sul pubblico e quanto le loro storie risultassero credibili. Giuseppe le aveva appena conosciute, motivo per cui il suo approccio sarebbe stato neutro e non condizionato. Del suo parere mi fido molto, ha un senso critico ben strutturato e ha una capacità di analisi assai sviluppata, scevra da fronzoli e non influenzabile da fattori emotivi.

Dopo quella giornata, Giuseppe ebbe modo di passare parecchio tempo con Mirjam e Gloria e, in uno stupendo viaggio a Lourdes che abbiamo fatto tutti insieme, viaggio di cui dirò più avanti, è stato ribattezzato «quota azzurra» del gruppo.

Ma quella mattina Giuseppe era lì solo per ascoltare. Ci separammo all'ingresso. Giuseppe e Isabella si confusero in mezzo ai giornalisti, Gloria, Mirjam e io andammo a prendere posto.

Non appena entrammo calò il silenzio.

Un fotografo immortalò le nostre mani che si stringevano prima di cominciare. Quella foto fece il giro del mondo. Così come l'orrore che raccontarono di avere vissuto.

Per prima cominciò a parlare Anne Barrett Doyle, che introdusse l'argomento e delineò brevemente chi fosse padre Marko Ivan Rupnik. Poi passò la parola a Gloria, che esordì con voce tremante, dicendo: «Una persona mi ha detto che non avrebbe mai consentito a nessuno di riscrivere la sua vita...».

Si era ricordata delle mie parole. Mi commossi. E non fu l'unica volta, quella mattina.

A fine conferenza chiesi a Giuseppe: «Come ti sono sembrate?» e lui mi rispose: «Quello che sono. Vere».

Le loro storie, ormai note al pubblico, celavano un dolore intimo ancora difficile da tirare fuori integralmente. Le raccontiamo ora una a una, affinché queste testimonianze illuminino non solo le loro vite, ma anche la verità.

4

Gloria, la luce nonostante la vetrata

Conobbe Marko Rupnik nel 1985, all'età di ventuno anni. Desiderando una crescita nella fede, Gloria pensava di diventare missionaria dopo la laurea, e padre Rupnik da subito fu la sua guida spirituale. A quel tempo era una studentessa di Medicina in fase di discernimento: essere la guida spirituale di quella giovane studentessa permise a padre Rupnik di avere un accesso immediato alle sue fragilità, alle sue insicurezze e alle sue paure.

Negli anni Ottanta, Rupnik era già considerato una stella tra i giovani gesuiti sloveni. «Lui aveva la nomea di essere uno *staretz*» ha ricordato Gloria. Lo *staretz*, termine russo che significa «anziano», è una guida spirituale della tradizione ortodossa il cui riconoscimento non nasce da nomine ufficiali ma dal popolo, per via dei suoi doni carismatici e della capacità di esercitare la direzione spirituale. Il rapporto con i discepoli, benché libero, può diventare eccezionalmente profondo. Si distingue per virtù specifiche: santità di vita, umiltà, dolcezza eroica, rifiuto del potere e delicatezza nelle relazioni. Tutte caratteristiche che facciamo fatica a trovare nella figura di Marko Rupnik, considerando poi i successivi passi della sua carriera artistica e anche come guida spirituale. Ma la tradizione ortodossa distingue tra veri *startzy* e *mladostartchestvo* («giovani anziani»), ovvero falsi maestri che pretendono questo ruolo senza averne i requisiti. La tradizione, quando serve, viene sempre in aiuto.

In ogni caso, il carisma di Rupnik e la sua acuta sensibilità nell'individuare i punti deboli delle persone gli permisero di comprendere rapidamente le fragilità, le insicurezze e le paure di Gloria. La giovane iniziò a frequentare l'atelier di Rupnik al Collegio internazionale del Gesù, a Roma, sentendosi accolta, importante e capita nel suo desiderio di seguire il Signore: affascinata dalla pittura e in particolare dai colori di Chagall, apprezzava i quadri di Rupnik e spesso conversavano mentre questi dipingeva. Gradualmente, lui cominciò a enfatizzare ogni contatto tra loro, attribuendo un significato preciso a ogni gesto: persino una semplice stretta di mano o una carezza sul braccio diventavano un'occasione per sottolineare la femminilità di Gloria, che, nella sua ingenuità, non poteva immaginare che quella fosse già una strategia per arrivare ad avere rapporti fisici più intimi con lei. Non comprendeva che l'abbraccio dopo ogni confessione era un invito ad andare oltre, né poteva sospettare che, quando Rupnik le spiegava che i corpi disegnati sulle tavole del *Kamasutra* sono una forma d'arte, era già un assiduo frequentatore di cinema pornografici.

A volte il comportamento di Rupnik le sembrava strano, ma Gloria lo giustificava attribuendolo alla sua natura di artista. Era bravo, Rupnik, apprezzato, stimato, vantava ambitissime amicizie con l'alto clero, perciò bisognava fidarsi. Quando le chiese di posare per un suo quadro, affermando di dovere disegnare la clavicola di Gesù e di non cercare ragazze «del mondo» che esprimevano solo sessualità, ma una persona come lei, Gloria accettò senza difficoltà. Lei, infatti, era stata scelta proprio perché pura, incontaminata, diversamente dalle ragazze «del mondo», che comunicavano sesso. Lei era altro, aveva caratteristiche ideali, era speciale. Per Gloria, ingenua e inesperta, significava semplicemente aiutare un amico. Lei rispecchiava pienamente il suo ideale di modella, non c'era motivo di rifiutare una richiesta di aiuto. Poi, si trattava di arte, e a lei l'arte piaceva tanto. In quell'occasione, Rupnik la baciò lievemente sulla bocca, dicendole che così baciava l'altare dove celebrava l'eucaristia. Gloria si sentì frastornata: da una parte avrebbe voluto fuggire, dall'altra padre Marko la incoraggiava, dicendole che poteva vivere quella realtà perché era speciale ed era un dono che il Signore faceva solo a loro; che solo con lei poteva vivere, anche nella sfera fisica, l'appartenenza a Dio senza possesso, nella libertà, a immagine dell'amore trinitario.

È fondamentale, per capire quanto è accaduto dopo, conoscere il funzionamento del discernimento ignaziano: si è chiamati a una totale disponibilità e apertura, e il padre spirituale guida nella comprensione di ciò che è bene e ciò che è male. Se chi guida afferma che Dio vuole qualcosa e non si obbedisce, ci si pone contro Dio. È proprio in questo punto che può insinuarsi la manipolazione, come è avvenuto con padre Rupnik.

Gloria aveva paura di sbagliare, paura di perdere la sua approvazione, si sentiva fortemente dipendente dal suo giudizio. Se non faceva come voleva lui, Rupnik immediatamente dichiarava che il suo cammino spirituale si arenava e la presentava come «sbagliata» agli altri ragazzi e ragazze del gruppo che nel frattempo si andava formando intorno a lui. Essere «sbagliata» le creava un senso di grande inquietudine, bisognava rimediare, perché lei non era sbagliata, stava cercando Dio. Come si poteva essere sbagliati facendo questo? Ma solo padre Marko decideva chi andasse bene. Solo lui decideva chi dovesse essere supportato; chi invece era nell'errore veniva psicologicamente vessato, umiliato e messo in disparte.

La giovane decise di affidarsi totalmente e senza riserve alla guida spirituale di Rupnik nell'estate del 1986. Prima che lui partisse per un viaggio, si videro nel suo atelier. Celebrarono insieme l'eucarestia, ma quella volta, a differenza delle altre, subito dopo lei rifiutò di spogliarsi e di lasciarsi toccare. Rupnik allora la aggredì con parole molto dure e cattive, dicendole che non valeva niente, che non avrebbe mai fatto niente di buono nella sua vita e che non sarebbe mai cresciuta nella fede. Aggiunse che per lui ormai contavano solo altre due donne, di cui le fece il nome, e che voleva, invece, chiudere ogni rapporto con lei. Gloria era disperata perché ormai dipendeva totalmente dalla sua approvazione. Non provava amore nei suoi confronti, aveva, però, tanta paura di sbagliare. Rupnik era la strada verso Dio, a lui aveva affidato il suo percorso di discernimento vocazionale. Doveva obbedirgli. Dopo quell'episodio decise di mettere da parte i suoi dubbi e di affidarsi totalmente a lui, credendo che quello che vivevano insieme avrebbe fatto di lei una persona migliore davanti a Dio. In realtà, fu solo l'inizio dello stravolgimento della sua identità e della perdita di se stessa.

Fu un vero e proprio abuso di coscienza. L'ossessione sessuale di Rupnik non era estemporanea ma profondamente connessa alla sua concezione dell'arte e al suo pensiero teologico. Padre Marko poco alla volta si insinuò nel mondo psicologico e spirituale di Gloria, facendo leva sulle sue incertezze e fragilità e usando al contempo il suo rapporto con Dio per spingerla a fare esperienze sessuali con lui.

Gloria fu tra le prime sorelle della Comunità Loyola di Mengeš, una località a quindici chilometri da Ljubljana, e ne fece parte dal 1° ottobre 1987 al 31 marzo 1994. In un periodo così delicato e fragile come quello in cui si sceglie quale strada prendere nella vita, padre Marko pretese da lei una disponibilità e un'obbedienza assolute, caratteristiche che erano anche un tratto distintivo del carisma della comunità, di cui lui era il garante davanti alla Chiesa su incarico dell'allora arcivescovo di Ljubljana, Alojzij Šuštar.

Gli abusi continuarono e avvenivano anche in auto, quando Gloria accompagnava Rupnik durante i suoi viaggi. Lui diventò con il passare del tempo più aggressivo: la giovane mi ha raccontato di una masturbazione molto violenta che non riuscì a fermare e che le provocò la lacerazione dell'imene, episodio che diede inizio a pressanti richieste di rapporti orali. La dinamica era sempre la stessa: se Gloria aveva dubbi o si rifiutava, Rupnik la screditava davanti alla Comunità dicendo che non stava crescendo spiritualmente. Non aveva freni, usava ogni mezzo per raggiungere il suo obiettivo, anche confidenze sentite in confessione che riferiva al gruppo. Rupnik non faceva il suo nome, ma in Gloria montava la paura. Della scelta, di sbagliare, di non essere degna di quel percorso. Lì cominciò il crollo psichico di Gloria.

Le violenze non avvennero soltanto in Slovenia, ma anche nella stanza di Rupnik del Centro Aletti a Roma. Qui padre Marko le chiese di avere rapporti a tre con un'altra sorella della Comunità, perché la sessualità doveva essere secondo lui libera dal possesso, a immagine della Trinità, dove, diceva, «il terzo raccoglieva il rapporto tra i due». In quei contesti le chiedeva di vivere la sua femminilità in modo aggressivo e dominante, e dato che Gloria non ci riusciva, la umiliava profondamente con frasi irripetibili.

O faceva quello che padre Marko voleva, oppure era una nullità. Uno svilimento sempre più profondo, che partiva dal corpo e finiva nell'anima.

L'ultimo gradino di questa discesa all'inferno fu il passare dalle giustificazioni teologiche del sesso a un rapporto esclusivamente pornografico. Nel 1992, mentre frequentava il quarto anno di Filosofia all'Università Gregoriana, Rupnik la portò anche due volte a vedere dei film porno a Roma. Gloria stava ormai molto male, in balia totale del suo aguzzino.

In quel periodo padre Marko aveva cominciato apertamente a plagiare altre sorelle della Comunità, con le solite strategie psico-spirituali che già aveva usato con Gloria, con l'obiettivo di fare sesso con quante più donne possibili. All'inizio degli anni Novanta nella Comunità Loyola vi erano quarantuno sorelle, e padre Rupnik, da quanto Gloria aveva appreso, era riuscito ad abusarne quasi venti. A volte a caro prezzo: una di loro, nel tentativo di opporsi, era caduta e si era rotta un dito. Padre Rupnik oramai aveva acquistato potere nella Comunità, perciò con il tempo era diventato ancora più sfacciato e parlava apertamente delle sue tattiche per «ammorbidire» le consorelle che gli resistevano. Gloria provò a fermarlo, ma era inarrestabile nel suo delirio. Minacciò anche di denunciarlo, ma lui rispose: «Chi vuoi che ti creda? È la tua parola contro la mia: se parli, ti faccio passare per matta».

Gloria non aveva più nessuna difesa, perché padre Rupnik non aveva più paura di niente. Si sentiva sicuro, forte, protetto. Era inattaccabile.

A quel punto Gloria voleva soltanto che tutto finisse. Era l'inverno del 1993 e scappò dalla Comunità per raggiungere un posto isolato e lasciarsi morire nei boschi: sperava che quel gesto estremo avrebbe ricondotto padre Marko alla ragione. Ma non ci riuscì, e non riuscì neppure a morire. Quella notte a vagare nei boschi, invece, le diede quel lumicino di forza di cui necessitava per salvarsi. Lo chiamò, si fece venire a prendere e finalmente lo affrontò, accusandolo di falsità, chiedendogli conto di tutto il male che le aveva fatto. Perché l'aveva distrutta? Perché non sentiva più niente a causa sua, anche solo il fatto di essere viva? L'unica reazione di padre Marko fu il silenzio. Di quanto accaduto, Gloria voleva anche parlarne con la sua superiora, Ivanka Hosta. Quel che era successo non doveva essere più taciuto, ma in quel momento non ne ebbe la forza e cercò invece di concentrarsi sulla tesi in Filosofia, che discusse a giugno del 1993. Nel frattempo, però, un'altra sorella si rivolse a Ivanka Hosta per raccontarle del devastante rapporto che padre Rupnik intratteneva sia con lei sia con Gloria. Marko allora fu provvisoriamente allontanato dalla Comunità per il periodo estivo, e Gloria chiese di potere incontrare il consigliere spirituale di padre Rupnik, padre Tomáš Špidlík, con la speranza di potere finalmente riuscire a dire a qualcuno quello che era capitato in tutti quegli anni. Gloria cominciava a rimettere insieme i pezzi. Un passetto alla volta, piano piano, doveva liberarsi di quel sipario nero che era calato sulla sua vita. Raggiunse padre Tomáš Špidlík al santuario vicino a Livorno, dove risiedeva durante l'estate, e gli chiese di confessarla. Cominciò quindi a parlargli degli abusi che aveva subito da padre Rupnik, ma lui la bloccò dicendo che quelle erano cose sue e di padre Marko e che non voleva ascoltarla. Gloria era sconvolta, rifiutare una confessione è un peccato grave. Ma non ci fu verso: ripeté che erano cose sue e di padre Marko. E con chi, allora, poteva parlarne Gloria se gli abusi subiti da una religiosa per mano di un sacerdote, e rivelati in confessione, costituivano addirittura per Špidlík un fatto privato non meritevole di essere neppure ascoltato?

Padre Tomáš Špidlík, che in quel momento abdicò al suo ruolo di sacerdote, non solo si rifiutò di darle ascolto, addirittura le consigliò di scrivere una lettera di dimissioni – lettera che scrisse lui stesso e che Gloria conserva ancora – nella quale specificava che non c'erano motivi precisi per la sua richiesta di dispensa dai voti, soltanto una generica «tensione» che non era più in grado di reggere.

> Carissime…
> Sono successi certi fatti, è seconda volta che sono andata via, all'improvviso…
> Cerco ora a spiegare la mia situazione…
> Non considerate la mia fuga come una rivolta o etc.

Ho semplicemente sentito un tale peso interiore che non riuscivo a continuare…

E come vedete sono tornata.

Ma capisco che bisogna risolvere la questione in fondo.

Ho avuto l'occasione stare dai miei genitori e riconsiderare tutto.

Sono andata da P. Špidlik a Livorno e ne abbiamo parlato.

La conclusione? Non la voglio fare subito ma prego prendete in considerazione seria questi punti.

1 Sono entrata nella Società Loyola 7 anni fa con la pura intenzione dare la testimonianza a Dio. Interessante è da notare che i miei genitori furono contrari. Può darsi avevano un certo presentimento.

2 La vita in questi sette anni la conoscete anche il mio lavoro. Bensì facevo tutti i doveri avevo internamente dei momenti difficili uniti ai dubbi sulla mia vocazione ma cercavo sempre a superarli.

3 Come sapete nel gennaio di quest'anno me ne sono andata via. Il motivo? Niente di particolare. Solo la tensione è cresciuta tanto che non ne potevo più. Ma abbiamo cercato di nuovo di riprendere la strada.

4 Ed ora il fatto si è ripetuto. Sono convinta che in questo caso non basta qualche momentanea consolazione, un ritiro o qualcosa simile. Vediamo le cose a fondo. Naturalmente viene un serio dubbio se il mio posto è nella Società Loyola. Le difficoltà che si ripetono e trascinano per lungo tempo secondo la pratica della Chiesa si considerano come causa delle dispense dai voti.

5 Ora non voglio decidere da sola. Ho sinceramente esposto la difficoltà e prego le superiore di prendere questo fatto in considerazione e dirmi la loro proposta per un ulteriore dialogo. Così potrò essere più sicura.

6 Fra tanto rimango dai genitori, perché data la situazione è il migliore posto per arrivare alla pace necessaria.

Ho visto personalmente quel foglio, non l'ha scritto Gloria. È scritto su un foglio riciclato, raccolto di fretta dalla fotocopiatrice. Sul lato bianco, di suo pugno, Špidlík imprimeva su Gloria la lettera scarlatta.

A quel punto Gloria ebbe chiaro che Špidlík era d'accordo con padre Rupnik, che lo avrebbe protetto sempre e comunque e che le macerie che oramai erano accatastate dentro di lei sarebbero state esclusivamente un problema suo.

Padre Tomáš Špidlík non voleva essere coinvolto nello scandalo insieme al Centro Aletti, di cui era ideatore e primo referente.

«È meglio per noi la morte in battaglia per amore di Dio, che non la vita nella vergogna e nell'ignavia» scriveva Isacco, vescovo di Ninive, monaco, mistico religioso, nei *Discorsi ascetici*. Padre Špidlík temo non li abbia mai letti, o forse non li ha mai voluti ascoltare.

Nessuno aiutò Gloria: né la superiora Ivanka Hosta, a cui alla fine si era rivolta, né le altre sorelle della Comunità. Nemmeno i gesuiti superiori di Rupnik e l'arcivescovo Šuštar. Padre Marko era protetto da tutti e Gloria non era altro che il capro espiatorio di una situazione imbarazzante, l'anello debole della catena che si doveva sacrificare per un bene «superiore».

Nel settembre del 1993 Gloria rientrò a Mengeš con Ivanka come consigliera provvisoria, in attesa delle elezioni interne, previste per la Pasqua dell'anno successivo. Il clima di ostilità nei suoi confronti era palpabile, ma mi ha raccontato che una sorella, di cui ancora non sapeva nulla, venne in lacrime a confidarle che padre Marko aveva abusato anche di lei: nessuna però osava parlare apertamente degli abusi perpetrati da padre Rupnik, e tutte vivevano in un clima di omertà. Prima di Pasqua fu organizzato un incontro fra padre Marko, Ivanka Hosta e l'arcivescovo per affrontare finalmente la questione: anche Gloria avrebbe dovuto partecipare, ma all'ultimo momento la superiora glielo impedì. Scrisse, così, una lettera di denuncia che Hosta avrebbe dovuto consegnare all'arcivescovo, ma non si sa neppure se monsignor Šuštar l'abbia mai ricevuta. Hosta comunque non disse nulla contro Rupnik, l'altra sorella abusata rifiutò di scrivere una testimonianza e finì tutto in un nulla di fatto. Quel che è certo è che proprio in quel periodo le costituzioni della Comunità erano in Vaticano pronte per l'approvazione. Se i comportamenti di Rupnik fossero diventati un problema, addio approvazione. Meglio il silenzio, meglio risolvere le cose privatamente, senza scandali.

Così padre Rupnik fu allontanato dalla Comunità, ma poi tornò a Roma come se nulla fosse successo, continuando tranquillamente la sua carriera.

Ivanka aveva destinato Gloria ai lavori in cucina, a Mengeš, per il resto della sua vita, senza nessuna prospettiva di cambiamento. Lei obbedì, anche se in cuor suo pensava che sarebbe morta. Poco tempo dopo, alla vigilia delle elezioni interne, durante la condivisione comunitaria provò ancora a denunciare il malessere profondo che era alla base delle loro relazioni, ma la superiora la estromise dalle votazioni dicendo che era pericolosa perché sotto l'influenza del diavolo. Il giorno seguente Gloria lasciò definitivamente la Comunità.

La sua testimonianza venne sistematicamente soffocata attraverso una rete di complicità che coinvolgeva le più alte sfere ecclesiastiche: dalla fondatrice della Comunità Loyola ai vertici dei gesuiti, dall'arcivescovo di Ljubljana ai superiori romani. Ognuno, per interessi e motivazioni personali, scelse di proteggere Rupnik e di sostenere la nascita del Centro Aletti, sacrificando la verità sull'altare della reputazione dell'istituzione.

A Gloria rimase solo il peso devastante di otto anni di abusi. Nessuno volle ascoltare la sua voce, altri parlarono al suo posto. Solo quando nel 2021 il dicastero per la Dottrina della Fede la chiamò a testimoniare, dopo trent'anni di silenzio assordante, Gloria trovò finalmente la forza di fare emergere la verità troppo a lungo sepolta.

Dopo molto tempo Hosta scrisse a Gloria chiedendo perdono a lei e alla sua famiglia, a cui era stato detto che era schizofrenica. Dopo le dimissioni Gloria soffrì a lungo di depressione. L'abuso che ha subito ha sconvolto profondamente la sua psiche e lasciato segni indelebili nello spirito e nel corpo, segni che le hanno inevitabilmente e duramente cambiato la vita.

Gloria è convinta che non sia possibile che i gesuiti non sapessero nulla. La Chiesa e l'ordine erano a conoscenza dei fatti sin dal 1994, quando portò personalmente la sua richiesta di dispensa dei voti all'arcivescovo di Ljubljana, nella quale denunciava gli abusi da parte di padre Rupnik. L'arcivescovo in quell'occasione le disse soltanto che la Compagnia di Gesù lo aveva sanzionato severamente, cosa poco credibile visto che in quegli anni nasceva e si consolidava l'operato del Centro Aletti. Non solo: anche Mirjam, uscita dalla Comunità Loyola nel 1996, non direttamente coinvolta nella relazione con padre Marko ma informata dei fatti, parlò nel 1998 con padre Francisco J. Egaña, all'epoca delegato per le Case internazionali della Compagnia di Gesù a Roma, che la ascoltò ma non fece nulla.

Il preposito generale della Compagnia di Gesù, padre Arturo Sosa Abascal, ha poi confermato che Rupnik è stato scomunicato, in seguito a una denuncia del 2019, per avere assolto in confessione una donna con cui aveva avuto un rapporto sessuale, cosa che nel diritto canonico si chiama «assoluzione del complice».[1] Questa ammissione addolora tuttora Gloria, perché conferma la convinzione che ha sempre avuto: padre Marko, che andava fermato trent'anni fa, ha continuato invece ad abusare delle donne incontrate nel corso del tempo. Gloria è sconcertata per il fatto che Rupnik ancora non avverta la responsabilità delle conseguenze che le sue azioni hanno avuto sulla sua vita e su quella di tante altre consorelle che potrebbero parlare.

La scomunica, datata maggio 2020, fu subito revocata nello stesso mese dal dicastero per la Dottrina della Fede: le ragioni ufficiali della revoca sarebbero state attribuite all'ammissione dei fatti da parte di Rupnik e alla sua richiesta di perdono. Sempre lo stesso dicastero chiuse a ottobre 2022 un'indagine ecclesiastica su Rupnik ritenendo che i fatti erano da considerarsi prescritti. Gloria testimoniò il 10 dicembre 2021, raccontando tutto quello che ha subito nei minimi dettagli.

Dopo la sua testimonianza al dicastero, dato che per mesi non aveva più saputo nulla dell'esito dell'indagine ecclesiastica, a giugno del 2022 Gloria scrisse una lettera aperta in cui ha ripetuto la sua denuncia contro padre Rupnik, indirizzata al generale dei gesuiti, padre Sosa. In quel periodo, il «chiacchiericcio» di cui spesso parlava papa Francesco come male della Chiesa, riferiva di una possibile futura nomina di padre Rupnik come arcivescovo di Belgrado, luogo di cruciale importanza per i rapporti tra Chiesa ortodossa e Chiesa cattolica.[2] Protetto e promosso a uomo del dialogo. Eccellente ricompensa per un gesuita accusato di abusi.

In copia in quella lettera c'erano, tra gli altri, il cardinale Luis Ladaria, prefetto del dicastero per la Dottrina della Fede, il cardinale vicario di Roma, Angelo De Donatis, padre Johan Verschueren, padre Hans Zollner, la direttrice del Centro Aletti, Maria Campatelli, e altri membri della Compagnia di Gesù e del Centro Aletti.

> Scrivo questa lettera aperta per cercare di rompere, ancora una volta, il cerchio del silenzio e dell'esclusione al cui interno mi sono ritrovata per tanti, troppi anni: ventotto, dopo la mia prima denuncia per plagio e abusi psico-fisici-spirituali,

> subiti nel rapporto con padre Marko Rupnik. Sono sconcertata dal fatto che nonostante le gravi accuse che gli sono state mosse e per le quali sono stata chiamata a rendere ancora testimonianza, padre Rupnik continui a dare conferenze in giro per l'Italia e a postare su YouTube le sue catechesi. Questa triste realtà fa nascere in me il dubbio di non essere stata creduta. Ho necessità di sapere, credo legittima, dopo tanta sofferenza, se la Chiesa considera padre Rupnik un maestro attendibile. Può sembrare di sì, visto che, a maggio dell'anno in corso, ha tenuto una conferenza sulla *Creatività nel sacerdozio e nel matrimonio*, lo stesso uomo che mi obbligava, con pressioni e ricatti, a cose che ho riferito puntualmente nella sede opportuna. Con estrema difficoltà scrivo ancora oggi del mio vissuto, ma sento il dovere morale, per quello che mi è possibile, di aiutare a comprendere il suo livello di pericolosità.

Non ha avuto risposta da nessuno di loro.

Della Chiesa che accoglie neppure l'ombra. Neppure di quella che ascolta e che consola. La Chiesa dei mosaici, delle celebrazioni faste, delle grandi opere, dei proclami e delle nomine, quella, invece, ha continuato a fare il suo corso. Immarcescibile.

E in questo contesto, e nonostante questo contesto, su padre Špidlík, morto nel 2010, «nel momento in cui si ipotizzava nei suoi confronti l'avvio di un processo di canonizzazione, qualche voce ha suggerito di soprassedere».[3]

Quindi, nonostante la deposizione di Gloria nel 2021, che aveva denunciato apertamente come padre Špidlík avesse coperto gli abusi di padre Rupnik, e chissà quante altre denunce, si stava pensando – e fino alla fine del 2022 – di avviare un processo di canonizzazione su di lui.

«La grande gloria della Chiesa è di essere santa con dei membri peccatori» diceva Jacques Maritain. Qualche volta, aggiungo io, santi pure loro.

La consapevolezza del racconto di Gloria, oggi, è cresciuta. Sta facendo piano piano i conti con il dolore di tanti ricordi volutamente rimossi perché troppo dolorosi. Accantonati, chiusi a chiave, sigillati, perché anche solo spostarli avrebbe causato un'altra ondata di male oscuro. Per tanti anni ha «aiutato» Rupnik nella creazione delle opere per le cappelle della Comunità Loyola ricevendo confidenze intime che sono all'origine della sua ispirazione artistica, ma anche di quella teologica e spirituale.

Per questo oggi Gloria sente una maggiore responsabilità nel testimoniare quanto da lei vissuto. In Rupnik, dice, l'uso della sessualità nell'ispirazione non è la ricerca della purificazione degli istinti sessuali per sperimentare una maggiore apertura e connessione con il divino, rappresenta piuttosto l'uso e l'abuso dell'eccitamento sessuale dal quale origina l'attività creativa.

È un uso autoreferenziale, continua Gloria, chiuso in se stesso, nel proprio ego, un ego smisurato, insaziabile nel suo autocompiacimento, dove l'altro, qualsiasi altro, scompare, annichilito lentamente nella perdita del proprio sé, risucchiato in un vortice che si nutre della sua energia vitale senza ricevere nulla da quella relazione, se non la rivelazione ultima del suo delirio di onnipotenza.

Gloria riconosce in tutti i mosaici di Rupnik i tratti degli abusi: la figura sempre imponente del Cristo, la mancanza di qualsiasi espressione empatica nel suo viso, gli occhi neri dipinti così perché le pupille dilatate sono segno dell'eccitazione sessuale, la posizione della donna in rapporto a Cristo: molte volte il suo viso è spinto verso la posizione del membro maschile o la sua mano viene presa e collocata sotto la ferita del costato sanguinante che rappresenta in realtà l'atto dell'eiaculazione.

La donna viene rappresentata «forte» nelle raffigurazioni della Sapienza dove ha sempre in mano uno strumento musicale simbolo del membro maschile e della sua capacità di dare piacere, la Sapienza è colei che organizza le orge dove dall'intreccio dei corpi nasce l'ispirazione artistica.

La rappresentazione della Madonna molte volte ricalca nel rapporto con Cristo la figura di questa donna forte, imponente, che per esempio con il suo seno copre il Gesù crocifisso tenendo in mano un calice di sangue: tutte posizioni e rappresentazioni di atti sessuali, di masturbazione e di rapporti orali.

L'arte è relazione, ma in Rupnik questa relazione non è la ricerca dell'altro, bensì il mezzo per autocelebrare il suo potere che sa imporsi nelle vite delle persone che incontra, nelle loro scelte, che diventano sempre più funzionali alla manifestazione della sua potenza come tanti pianeti del suo sole che devono portare avanti il suo pensiero teologico, artistico, culturale.

Nella relazione con Gloria, Rupnik ha imposto all'estremo, nella sua interiorità, una dinamica di svuotamento della sua identità profonda, privilegiando il rapporto con il «suo» Signore e, molto lentamente nel tempo, dopo avere abilmente ottenuto l'affidamento come sua guida spirituale e confessore, ha cercato di imporre il suo ego malato come volontà divina per la sua vita. Dopo anni di abusi sessuali, pressioni psicologiche e spirituali per farla diventare quello che desiderava e che era alla base della sua ispirazione artistica, cioè una donna violenta sessualmente, dominante sul maschio come un'attrice della pornografia, Gloria è morta dentro, e per questo aveva deciso di lasciarsi morire in un tentativo di suicidio.

Gloria può testimoniare questa morte che rivela, come in uno specchio, le dinamiche malate che alimentano l'ispirazione in Rupnik, la sua chiusura nella relazione con il Signore, quello vero, compassionevole e amante dell'umanità di ognuno, che «sente» la sofferenza dell'altro e se ne fa carico. Allora ci si chiede che arte sia quella di Rupnik. Se l'arte è relazione e comunicazione, cosa rivela e cosa comunica quest'arte così chiusa alla rivelazione del Dio-Amore? A lui non è mai interessato lo stare male di Gloria, progressivo e inesorabile, anzi vi caricava addosso una mole inquietante di sensi di colpa: era fragile, gelosa, invidiosa, fastidiosa, disobbediente. Era tutto ciò che serviva a lui in quel momento per poterle dare la colpa del suo stesso malessere, tutto ciò che risultava funzionale per minacciarla: se avesse parlato sarebbe stata la sua parola contro la sua e l'avrebbe fatta passare per matta.

L'arte sacra è ricerca, testimonianza dell'apertura di ogni uomo verso Dio, ma in Rupnik questa relazione è chiusa sul proprio ego, onnipotente al posto di Dio, affascinante come il vitello d'oro.

Nelle loro conversazioni intime, Rupnik le rivelava come la sua produzione artistica e la sua stessa visione del sacerdozio e della teologia fossero permeate da una dimensione erotica che si estendeva fino alla sfera sacramentale, portandolo a sovrapporre immagini e vissuti sessuali persino ai momenti più sacri della celebrazione eucaristica: «Durante la celebrazione della messa più volte pensava e riviveva un atto sessuale o ricollegava il calice dell'altare a un atto masturbatorio».

Nell'ultimo periodo prima della fuga di Gloria nel 1993, siccome stava molto male, subentrò anche un forte disprezzo verso di lei, che manifestava tramite offese, parolacce e insulti, mentre le chiedeva di essere masturbato durante la pittura di un volto di Cristo destinato a una delle cappelle della Comunità Loyola.

Oggi Gloria è consapevole che chi abusa, come Rupnik, ha un grande vuoto interiore, sente una mancanza che spera di colmare appropriandosi di quegli aspetti che nell'altro lo attirano. Nella sua storia di abuso, Rupnik ha stravolto, sostituendosi a Dio, la sua interiorità con la quale entrava in rapporto con il «suo» Signore. Gli abusi di tipo spirituale, psicologico e fisico hanno permesso l'abuso più profondo, che è quello della coscienza, cioè il luogo dove nasce il suo sentire e dove è in rapporto con la sua identità profonda. Conseguenza di quest'abuso è stato un paralizzante blocco emotivo in seguito al quale non ha più «sentito» il suo sentire, un'anestesia totale del suo «esserci», perché il dolore era insopportabile per lei.

Una alessitimia totale, un analfabetismo emotivo tale da comportare l'incapacità sia di riconoscere sia di descrivere verbalmente i propri stati emotivi e quelli altrui.

Questo è stato l'effetto ultimo degli abusi di padre Rupnik su Gloria.

La strada per ritrovare quella luce e quell'amore che sentiva persi nel suo cuore è stata lunga e difficile e il cammino è ancora in corso. Ci vuole tempo, dall'abisso, a risalire in superficie. Tuttora le capita, a volte, di rivivere quel blocco emotivo, anche se più profonda e più forte è la consapevolezza che solo l'amore cura, guarisce e crea.

5

Mirjam, un cuore pronto ad ascoltare

Oggi sessantaduenne, è stata segretaria della madre superiora Ivanka Hosta e fu tra le prime a entrare nella Comunità Loyola. A Ljubljana, nel 1984, si era costituito un gruppo di quattro sorelle da cui tre anni dopo ebbe origine la Comunità. Nel 1988 erano già in venti ragazze: Mirjam allora aveva venticinque anni e prese i voti perpetui insieme ad altre sei sorelle, fra cui la superiora Ivanka Hosta, mentre le altre emisero i voti per tre anni con l'impegno di rinnovarli nel 1991, in occasione dei cinquecento anni dalla nascita di Ignazio di Loyola.

Rupnik è stato il suo padre spirituale, come è accaduto per tutte le consorelle della Comunità Loyola. Diceva loro che Ivanka aveva il carisma ma non lo sapeva trasmettere: solo lui poteva interpretare questo suo dono e trasmetterlo alle sorelle. In questo modo costruiva un muro tra Ivanka e le altre suore, che non riuscivano così a confidarsi con lei. Padre Rupnik le aveva legate a sé e non aveva permesso una relazione sincera tra Ivanka e le altre sorelle. Pian piano era diventato questo lo stile dei rapporti tra di loro.

Nella comunità slovena, Mirjam visse con grande gioia i primi cinque anni di vita in comune e pensava che anche per le altre sorelle fosse lo stesso. Era del tutto ignara della sofferenza nascosta e degli abusi che subivano alcune di loro. Tutto cambiò nel 1989, quando, dopo gli studi di Teologia, fu mandata a Roma a studiare Diritto canonico – Mirjam adesso è anche una eccellente canonista – e a lavorare a Radio Vaticana. Qualcosa si incrinò dentro di lei, sentiva che c'era qualcosa che non andava, covava del malessere ma a questo malessere non sapeva dare né un nome né una forma. Credeva che il problema fosse la stanchezza o l'immersione in un nuovo ambiente, con altre abitudini, ma anni dopo capì che l'inizio del suo buio era collegato a padre Rupnik e a quel suo modo di agire manipolatorio, subdolo, che si insidiava nella mente e nelle azioni delle sue vittime.

Dubitò di lui e del suo modo di comportarsi osservandolo e, proprio perché profondamente buona e sincera, glielo andò a dire e si scusò. Aveva visto quello che Rupnik era per davvero, ma non poteva crederci, non poteva essere in quel modo. Sicuramente era lei in errore, così corse ai ripari, sentendosi in colpa.

Non doveva dubitare di padre Marko.

Forse quel suo momento di lucidità la mise in salvo dalle violenze fisiche, ma non le furono, tuttavia, risparmiate violenze psicologiche e spirituali.

Padre Marko si frapponeva sempre tra lei e Dio e solo lui conosceva il cammino da compiere per raggiungere quell'«io integrato» cui le consorelle dovevano ambire. Se Mirjam non assecondava i suoi desiderata, non era abbastanza integrata.

L'«io integrato» per manipolare, per costringere Mirjam e le altre consorelle a fare quello che voleva lui.

Ho chiesto a Mirjam, così come a Gloria, cosa fosse questo «io integrato» di cui parlava Rupnik e se esisteva un percorso chiaro da intraprendere per chi intendeva raggiungerlo.

Mi si è aperto un mondo. L'«io integrato» è l'io che ognuno di noi dovrebbe essere, se non fosse che integrato non lo è nessuno.

Provo a spiegarmi. È quell'io cui ognuno dovrebbe tendere, una sorta di io ideale, perfetto, per raggiungere il quale, però, solo Rupnik conosceva la strada. Non esistevano step o punti intermedi. Quindi se Mirjam o Gloria o chiunque altra faceva una cosa a lui gradita, la donna aveva fatto un passo in avanti verso l'io integrato, se, invece, la cosa era sgradita, l'io integrato si allontanava.

«Ma qualcuna di voi ci è mai arrivata all'io integrato?» ho chiesto.

«No!» è stata la risposta corale di entrambe.

Una caccia alla volpe senza la volpe.

Una integrazione dell'io cui tutte le consorelle erano tenute, guidate da lui. Una integrazione dell'io che passava attraverso comportamenti, amicizie, indicazioni sul vestiario, disponibilità sessuale. Tutto riguardava l'io integrato. Più la vittima diceva di sì, più il suo io si integrava, più diceva di no più si disintegrava. In tutti i sensi, perché veniva punita subdolamente la sua disobbedienza.

Mi sono chiesta come si possa giocare con la vita delle persone fino a questo punto usando la strada per raggiungere Dio come esca.

Sono andata a dare una occhiata agli scritti di padre Rupnik per cercare di comprendere meglio questo concetto dell'integrazione dell'io, e ho trovato questo. Nella sua introduzione al saggio, curato da diversi autori, *L'intelligenza spirituale del sentimento*, fa questa riflessione:

> Forse è venuto il tempo in cui si può riscoprire il cuore come luogo dell'integrazione, come luogo in cui l'uomo è già intero, non frantumato, smembrato [...]. Se l'esito dell'epoca moderna è l'atomizzazione, la frantumazione, sia del vissuto che dell'orizzonte di pensiero, c'è bisogno di un'integrazione, un'integrazione viva. La vera integrazione avviene solo nel cuore, cioè in un contesto relazionale a cui partecipano tutte le dimensioni della persona, da quella affettiva a quella razionale, da quella volitiva a quella religiosa.

L'integrazione vera avviene solo nel cuore. E allora cosa c'entrano la manipolazione e il sesso?

Già negli anni vissuti a Mengeš, in Slovenia, Rupnik vietava a Mirjam di vivere l'amicizia profonda che aveva con Gloria, dicendole che era una dipendenza insana, un segno di egoismo; a Roma poi le ordinò di tagliare del tutto i ponti con lei. Trovarsi bene con qualcuno e condividere qualcosa rappresentava solo una forma di appagamento egoistico, che doveva essere fermato. Solo padre Marko sapeva chi fossero le persone che ciascuna poteva avere vicino. Solo lui era in grado di discernerlo. Questa esperienza cambiò il modello delle relazioni delle consorelle: non c'era niente di stabile nei rapporti che avevano, non c'erano più amicizie che potessero durare nel tempo. Quando, infatti, un legame diveniva solido, andava troncato. Quando un affetto cominciava a mettere radici, le radici dovevano essere estirpate. Mirjam capì molto tempo dopo che quel legame che nasceva e si rinforzava con una consorella veniva visto da Rupnik come un ostacolo al suo dominio. Un'amica, una sorella con cui parlare, con cui confidarsi e confrontarsi, era molto pericolosa. Due persone che si confidano possono parlare troppo, possono ragionare, possono rendersi conto che entrambe sono manipolate. Perciò, niente amicizie. O almeno, niente amicizie se non scelte da lui. Ma Rupnik il suo controllo voleva estenderlo ovunque, persino sugli affetti familiari, che per lui rappresentavano delle minacce. Padre Rupnik arrivò a chiedere alle ragazze della Comunità di scrivere una lettera ai genitori e alla famiglia in cui comunicavano che per un anno non avrebbero più avuto nessun rapporto con loro: niente visite, corrispondenze o telefonate. Mirjam, così come le altre, doveva scrivere quanto fosse preoccupata per la loro salvezza, elencare i loro difetti all'origine di questa preoccupazione. Rimproverò la madre anche perché aveva indossato una camicia trasparente. La lettera le sembrava già troppo dura, ma la sorella che doveva «approvarla» aggiunse anche altre cose, ancora più tremende. Accuse su accuse contro la sua famiglia. Mirjam dovette spedire quella lettera e ancora oggi porta in sé il ricordo amaro del loro dolore.

«Non ti cerco per un anno perché tu possa salvarti.»

Ho pensato più volte a cosa possa avere provato un genitore nel ricevere una tale lettera, al suo dolore, al suo sgomento, alla sensazione di avere partorito una estranea.

Mirjam me lo ha raccontato con dolore, soffre ancora per come ha trattato sua madre.

Mirjam venne a conoscenza degli abusi sessuali di Rupnik nel 1993, quando ci furono le prime denunce alla madre generale. Gloria aveva parlato di quello che era successo con padre Marko e prima di lei si era recata da Ivanka l'altra sorella con cui Rupnik aveva avuto il rapporto sessuale a tre, a Roma. Da quel momento molte altre andarono dalla madre generale a dirle che erano state abusate da Rupnik, ma lei rispondeva loro di rivolgersi a Ivanka. Quella faccenda poteva e doveva gestirla solo lei, perché era la superiora e perché di lei le consorelle si fidavano. Erano anni che Mirjam le vedeva piangere, già dal 1985, ma solo in quel momento capì il motivo, per lei prima inimmaginabile.

Dopo che Gloria decise di denunciare apertamente tutto alle autorità ecclesiastiche e Rupnik fu allontanato dalla Comunità dall'arcivescovo di Ljubljana Alojzij Šuštar, Mirjam ricorda che lei stessa ebbe l'incarico di portare tutti i suoi quadri al Centro Aletti a Roma. Rupnik era furioso.

Hosta radunò le sorelle e disse loro che padre Marko era stato mandato via perché voleva impossessarsi del carisma della Comunità e spacciarsi per il fondatore, ma le consorelle del Consiglio che le erano più vicine conoscevano il vero motivo e ben si guardarono dal raccontarlo alle altre. Così come lo sapevano il vescovo Šuštar e padre Lojze Bratina, all'epoca provinciale sloveno dei gesuiti. A padre Bratina, Mirjam aveva raccontato tutto lei stessa, ma lui le aveva risposto che non ci credeva. Tutte pazze, tutte innamorate di padre Marko. Tutte in cerca di vendetta.

Copione scadente, che rivedremo più avanti, ma, a quanto pare, almeno a quel tempo, efficace.

Da quel momento la Comunità cambiò pelle e divenne una vera e propria setta. Ivanka, probabilmente per paura che la notizia degli abusi uscisse in qualche modo e compromettesse il futuro della Comunità, tacque e assunse con le consorelle un atteggiamento totalmente repressivo e controllante. Non si dovevano più salutare gli amici di padre Rupnik o coloro che lo frequentavano, non si poteva più liberamente scegliere il confessore e neanche dirgli tutto. Veniva pure verificato che cosa avevano detto in confessione e le risposte date dal confessore. La guida spirituale poteva essere soltanto una sorella della Comunità: o era la superiora stessa o, con il suo permesso, un'altra sorella. Il contenuto della preghiera personale doveva essere condiviso con le altre e Ivanka si attribuiva il diritto di giudicare quando una preghiera era genuina e quando non lo era. La sorella che non pregava bene spesso doveva insistere in cappella finché non pregava come voleva Ivanka, altrimenti veniva segnalata come persona in crisi spirituale, il che era sempre considerato una colpa, una chiusura nei confronti di Dio. «La libertà personale era quasi completamente azzerata. A causa di questo clima buio e minaccioso la Comunità si dimezzò: nel giro di pochi anni uscirono in diciannove, una consorella addirittura scappò dalla finestra.»

Da parte dei gesuiti o della Chiesa in generale non ci fu nessuna reazione. Non uno che si sia interessato, almeno ufficialmente, della separazione fra Ivanka Hosta e padre Rupnik e della successiva disgregazione della Comunità. Tutti preferivano non vedere. Nel 1998 Mirjam andò in curia e raccontò i fatti nuovamente, stavolta al delegato per le

Case internazionali a Roma, padre Francisco J. Egaña, ma ancora una volta non successe niente. Dopo, per anni, visse con una grande ferita senza più avere rapporti con nessuna finché, prima del lockdown per la pandemia di Covid-19, incontrò una ex sorella che le disse che la Comunità era stata commissariata.

Subito dopo essere uscita dalla Comunità Loyola, Mirjam lavorava già in un'università cattolica a Roma. Al momento delle sue dimissioni dalla Comunità, Ivanka andò dal suo superiore per dirgli di sostituirla con un'altra sorella, ma questi si rifiutò. Ivanka voleva annientarla. Se n'era andata, perciò doveva rimanere senza lavoro, senza mezzi.

Mirjam ha poi ripreso i contatti con alcune delle sorelle che sono rimaste in Comunità fino allo scioglimento. Molte sembrano manifestare seri problemi fisici e psichici a causa delle violenze psicologiche e spirituali che hanno subito. Prima Marko e poi Ivanka sono riusciti a togliere loro quel poco di autostima che avevano.

A giugno 2022, Mirjam scrisse una lettera sugli abusi di Rupnik indirizzata al prefetto del dicastero per la Dottrina della Fede, Luis Ladaria, e per conoscenza ai gesuiti e a diverse altre personalità della Chiesa. La lettera si chiudeva così:

> Come in molti altri casi, la verità sugli abusi nella Chiesa difficilmente trova orecchie pronte ad ascoltare e cuori aperti per indicare soluzioni capaci di prevenire maggiori danni, portare sollievo e guarigione alle anime ferite e guidare coloro che, per varie ragioni, sono stati causa di tanta sofferenza, verso l'equilibrio psico-fisico-spirituale.
> Le chiedo, quindi, di diventare questa mano e questo cuore per padre Rupnik, per tutte le persone che hanno subito la sua manipolazione e per tante altre che, venute a conoscenza dei fatti, sono rimaste scandalizzate. Le chiedo di diventare

> questa mano e questo cuore per la Chiesa, che viene indebolita nella sua testimonianza da simili atti. Le chiedo di rispondere alle richieste di tutte quelle persone che furono vittime dell'attenzione di padre Rupnik, perché possano ancora sentire che Dio si rivela, agisce, ama attraverso la Chiesa.

Anche in questo caso, nessuna risposta: niente «orecchie pronte ad ascoltare e cuori aperti». E dire che molti dei destinatari Mirjam li conosceva personalmente.

Ma all'epoca tanti erano al corrente dei fatti, dal vescovo di Ljubljana al provinciale dei gesuiti, fino al fondatore del Centro Aletti, il teologo Tomáš Špidlík. Nemmeno oggi i vescovi sloveni possono dire che non sapevano: Gloria e Mirjam hanno spedito via pec le loro lettere anche all'attuale arcivescovo di Ljubljana, Stanislav Zore, al provinciale sloveno, padre Miran Žvanut, e a padre Milan Žust, superiore della Residenza della Santissima Trinità al Centro Aletti di Roma, che è anche il superiore di padre Rupnik. Probabilmente questi sacerdoti non credevano che le vittime sarebbero andate tanto avanti nella denuncia pubblica e hanno detto mezze verità per cercare di cavarsela.

Sia i vescovi sloveni sia il cardinale De Donatis ora condannano gli abusi, ma invitano a distinguere fra i peccati di Rupnik e ciò che questi ha espresso con la sua arte. Ma l'arte è espressione di quel che lui insegna, riflette la sua personalità. Non si può dire che l'arte e il ministero sono due cose separate, Rupnik stesso ha sempre sottolineato che sono due elementi intimamente connessi. Mirjam è convinta che finché la Chiesa non capirà che l'essere abusatore di padre Rupnik è legato al suo essere artista, continuerà a minimizzare la gravità di quel che è successo.

6

Pia, Klara, Aleksandra e Giada: il dolore del silenzio

Pia e la prova di forza

Nata a Ljubljana, in Slovenia, cresciuta in una famiglia cristiana, visse una tragedia quando sua sorella maggiore morì in un incidente stradale all'età di vent'anni. Questo evento scosse profondamente la sua fede tradizionale e la spinse a porsi nuovi interrogativi sulla vita e sulla morte.

Dopo avere completato gli studi in Ingegneria all'Università di Ljubljana, Pia lavorò come ingegnera fino al 1990, quando decise di entrare a fare parte della Comunità Loyola. Il suo incontro con Marko Rupnik avvenne nel 1987, durante un ritiro di esercizi spirituali ignaziani a Stična. Colpita da una conferenza di Rupnik sull'ispirazione della Parola di Dio, Pia iniziò a partecipare agli incontri del gruppo ignaziano Kres a Ljubljana, fondato e guidato dallo stesso Rupnik.

Nel 1990, all'età di ventiquattro anni, entrò nella Comunità Loyola in Slovenia. Questa decisione comportò l'abbandono del suo lavoro e della sua indipendenza finanziaria, una richiesta che non era stata fatta ad altre sorelle entrate prima in Comunità. Ma Pia, rispetto alle altre, era troppo indipendente, e questa indipendenza doveva essere arginata. I primi mesi furono difficili, caratterizzati da un noviziato non ancora ben strutturato e da continue pressioni per «lasciare andare» la sua vita precedente.

Poco dopo il suo ingresso, Pia fu inviata a Trieste per studiare italiano e svolgere lavori domestici. Da lì, fu mandata in Alto Adige per assistere Rupnik, che stava lavorando alla sua tesi di dottorato. Fu durante questo periodo che Pia subì un grave episodio di violenza fisica da parte di Rupnik. In un confronto che lui definì come una prova di forza, Rupnik le afferrò le mani con tale violenza da romperle un dito. Dopo l'incidente, le proibì severamente di parlarne con chiunque e le negò cure mediche immediate.

Tornata in Slovenia per iniziare il noviziato, Pia trovò il coraggio di raccontare l'accaduto a Ivanka Hosta e questa, nonostante le credesse, le ordinò anch'essa di mantenere il silenzio sull'accaduto. Silenzio su una violenza fisica di cui Pia portava ancora segni evidenti. Solo settimane dopo, Pia riuscì a ricevere cure mediche adeguate, ma fu costretta a mentire sull'origine della frattura, che intanto aveva cominciato a calcificarsi male, perciò l'ausilio medico risultò ancora più doloroso.

Durante il noviziato, Pia subì costanti pressioni psicologiche e spirituali da parte di Rupnik e Ivanka. Veniva ripetutamente sminuita e svalutata di fronte alla Comunità, con l'accusa di non sapere pregare bene o di non essere spiritualmente matura. La manipolazione era costante, con i due che si arrogavano il diritto di interpretare la «volontà di Dio» riguardo alla sua vita.

Nel 1992, durante un periodo trascorso a Roma, Rupnik fu nominato unico direttore spirituale e confessore di tutte le novizie, senza possibilità di scelta. Pia, che aveva perso fiducia in lui dopo la violenza subita, si trovò quindi costretta a confrontarsi con padre Marko in situazioni che trovava minacciose e inappropriate.

Nonostante le continue critiche e svalutazioni, Pia fu ammessa ai voti il 1° gennaio 1993, insieme ad altre sorelle. Nel corso dello stesso anno, si verificò il conflitto tra Ivanka e Rupnik che portò alla loro separazione. Alcune sorelle seguirono Rupnik al Centro Aletti di Roma, uscendo dalla Comunità Loyola.

Dopo la separazione da Rupnik, Pia sperava in un cambiamento positivo nella guida della Comunità, che si era finalmente liberata dall'oppressore. Tuttavia, Ivanka continuò a gestirla in modo autoritario e manipolatorio, e nell'aprile 1998, dopo anni di pressioni e abusi psicologici e spirituali, Pia decise di lasciare la Comunità Loyola.

Solo nell'Avvento del 2022 venne a conoscenza degli anni di abusi sessuali commessi da Rupnik sulle sorelle. Decise allora di condividere la sua storia, supportata dall'ufficio del difensore civico per le vittime di violenza e abusi sessuali della sua diocesi.

Klara, l'innocenza rubata

La sua storia si distingue da quella delle altre perché Klara è stata avvicinata da Rupnik quando era ancora minorenne, nel 1980, all'età di sedici anni. Padre Marko era stato ricoverato per un'infezione in una clinica a Ljubljana, dove lei stava svolgendo il tirocinio obbligatorio dopo il primo anno della scuola per infermiere. Klara era una ragazza volenterosa, gentile, disponibile e desiderosa di aiutare il prossimo. Un giorno, mentre erano da soli nella stanza in cui padre Rupnik era degente, Klara stava rifacendo il letto quando la croce che portava al collo le scivolò fuori dalla camicia, allora la giovane si spaventò: erano ancora gli anni del comunismo e mostrare in pubblico di essere cristiani poteva essere pericoloso. Klara aveva un ricordo vivo di lei bambina, quando a Natale, da cattolica, andava a messa e il giorno dopo doveva subire interrogatori e angherie a scuola. Durante il comunismo, infatti, il giorno di Natale era lavorativo e i cattolici, andando a messa, si esponevano. Chi lavorava per lo Stato, come gli insegnanti, non poteva andare a messa, per cui la partecipazione alla funzione religiosa spesso avveniva in modo clandestino.

Klara aveva sempre a mente il giorno dopo la messa e le difficoltà di professarsi credente. Era anche molto giovane e influenzabile quando avvenne l'episodio del crocifisso. Rupnik per tranquillizzarla le disse che era un gesuita e che aveva uno studio artistico a Roma. Quando fu dimesso, la invitò a partecipare alla riunione di un gruppo di giovani che lui stesso aveva creato e che si incontrava nella sede dei gesuiti a Dravlje, a Ljubljana. Klara ci andò, curiosa e con animo rivolto alla preghiera. Un anno dopo, poco prima di Natale, partecipò anche a un ritiro spirituale nel monastero di Stična, a quaranta chilometri dalla capitale. Alla fine della giornata, mentre la salutava, Rupnik la abbracciò e baciò molto vicino alla bocca, giustificando quel gesto con il bisogno di tenerezza che la giovane, diciassettenne e quindi poco più che una bambina, aveva.

Capitò in molte altre occasioni che padre Marko la abbracciasse e la baciasse, anche sulla bocca, ripetendole che lo faceva solo per il suo bene, perché necessitava di affettuosità.

Klara era confusa, colpita dalle attenzioni che quell'uomo le rivolgeva. Si era da poco trasferita dal suo villaggio di campagna in città ed era molto insicura e influenzabile, mentre lui era già considerato un leader. Inoltre, Klara era molto religiosa; sin da bambina sognava di andare in missione, anche se ancora non sapeva se come suora o come laica. Il suo desiderio era di mettersi al servizio degli altri e per questo aveva studiato per diventare infermiera. Padre Marko captò subito questa sua aspirazione e la sua bontà, così la indirizzò verso la Comunità Loyola affinché cominciasse la formazione.

Era molto insistente. Le iniziò anche a parlare di una donna italiana, sua modella nell'atelier dove dipingeva, come esempio di femminilità ed erotismo, caratteristiche che diceva di vedere anche in lei. L'erotismo per lui era fonte di ispirazione.

Klara ancora non era convinta di volere entrare nella Comunità, non era affatto sicura che farsi suora fosse per lei il modo migliore per aiutare i bisognosi. Qualche mese prima, nel 1986, durante l'anno di «prova» in cui la Comunità verificava se davvero le giovani che avevano intrapreso il percorso di formazione avessero la vocazione a prendere i voti, Klara ricevette una proposta di fidanzamento da parte di un giovane bene intenzionato che già conosceva. Ingenuamente lo riferì alla sorella responsabile della comunità slovena e subito dopo arrivò la convocazione da parte di padre Rupnik affinché andasse a Roma per parlare con lui. Privata della sua intimità di pensiero, non ebbe neppure il tempo per capire se quel ragazzo potesse o meno essere importante per lei. In quell'incontro padre Marko la rimproverò duramente dicendole che stava sbagliando tutto, che sarebbe stata una stupida se si fosse fidanzata con quel ragazzo e che così facendo avrebbe buttato via la sua vita. Come se amare un uomo fosse un peccato mortale, come se formare una famiglia cristiana fosse una scelta che la allontanasse da Dio.

«Se non prendi la decisione di scegliere la Comunità Loyola significa che non scegli Cristo»: queste sue parole la spaventarono, era una persona religiosa e non voleva certo allontanarsi da Dio. Allontanò quel giovane e proseguì la sua formazione.

Anche al momento della scelta definitiva ebbe dei dubbi: si era risvegliato in lei il desiderio di partire come missionaria laica. Ne parlò con padre Rupnik, che la sgridò pesantemente e tagliò corto dicendo che la sua decisione di vivere nella Comunità Loyola non poteva e non doveva essere cambiata. Lì doveva restare, quella sarebbe stata la sua vita. Klara allora, nel 1987, aveva ventitré anni, e prese i voti perpetui quattro anni dopo, quando ne aveva compiuti ventisette.

I primi approcci sessuali da parte di Rupnik cominciarono nell'anno 1986, quando Klara abitava a Ljubljana in un appartamento in subaffitto. In quel periodo, padre Rupnik viveva nella comunità dei gesuiti a Gorizia e a volte passava a salutarla quando si trovava in città. In una di queste occasioni le disse: «Vieni con me» e la condusse in bagno con lui. Cominciò a masturbarsi, davanti a lei, sopra il lavandino; poi le prese la mano in modo che continuasse lei, mentre con l'altra mano le spingeva la testa verso il basso, obbligandola a un rapporto orale. Klara opponeva resistenza, non sapeva come fuggire da quella odiosa situazione, ma Rupnik continuava a premerle la testa finché non le infilò il suo membro in bocca. Le disse che era una cosa bella quella che era successa tra di loro.

Klara, che nella sua vita non aveva mai avuto approcci sessuali, era scossa, sconvolta, turbata; si vergognava molto per ciò che era accaduto con padre Rupnik, pensava fosse colpa sua, che in qualche modo fosse sua la responsabilità di tutto, e allora non ne parlò con nessuno, anche perché lui, convincendola che lo faceva solo per il suo bene, le aveva intimato di tacere: «Ne hai bisogno perché non hai ricevuto abbastanza amore e attenzione da tuo padre».

Quando ebbe la certezza che Klara sarebbe entrata nella Comunità, gli abusi aumentarono. Durante il primo anno a Mengeš, padre Rupnik raggiungeva le sorelle per la guida spirituale e le confessioni; in quelle occasioni più volte raccontò a Klara che intratteneva relazioni sessuali anche con altre sorelle, che faceva con altre quello che faceva con lei, e menzionava ripetutamente il sesso a tre. Non interessandosi minimamente della volontà di Klara di prendere parte o meno a un'orgia, un giorno le chiese semplicemente se preferisse fare sesso con lui e una sorella, oppure se desiderava essere lei la sola donna a congiungersi con due uomini. Klara se ne stette zitta, sempre più in imbarazzo. Di certo non voleva essere coinvolta in nulla di tutto ciò.

Klara mi ha raccontato un episodio molto spiacevole. Un giorno padre Marko, dopo avere accompagnato due sorelle da Mengeš a Gorizia, si fermò nel garage e cominciò a palpeggiarla per poi masturbare se stesso e lei. Provò a spingersi oltre, ad avere un rapporto sessuale completo, ma la rigidità di Klara lo dissuase dal continuare. Lo stesso anno la scelse come aiuto nella direzione degli esercizi spirituali nel monastero di Stična, soltanto per averla più giorni a disposizione per fare sesso. Era il suo direttore spirituale, e tutte in Comunità le ripetevano che doveva essere umile e sottomessa: si sentiva in trappola e non poteva parlarne con nessuno.

Alla sera padre Rupnik pretendeva che Klara andasse nella sua stanza per farsi praticare sesso orale.

Durante la Pasqua del 1988, mentre era a Roma per studiare Teologia, Klara fu mandata da padre Rupnik a San Marco in Lamis, in Puglia, a casa di una donna che aveva frequentato per un periodo la Comunità Loyola. Rupnik le aveva parlato a lungo di come questa donna lo ispirasse artisticamente quando nel suo atelier si massaggiava i seni e si accarezzava davanti a lui. Chissà quali opere esposte in chissà quale luogo sacro erano state frutto di questa ispirazione! Klara capì ben presto che era stata mandata a casa di questa donna «ispiratrice» affinché venisse istruita sul sesso a tre. La doveva formare, preparare a compiacere Rupnik e i suoi desideri sessuali. Furono momenti per Klara molto difficili, lontana da casa e nel covo di una donna che aveva il compito di fare di lei un giocattolo sessuale. Quella donna non perse tempo. Alla prima occasione utile, «giocava» con lei a letto, intrecciando le sue gambe a quelle di Klara, sfiorandola, parlandole di come sarebbe stato bello fare sesso a tre con padre Rupnik e di come avrebbero bevuto insieme il suo sperma da un calice. Raccontava come avrebbe voluto fare sesso con Rupnik, scendendo nei particolari.

Klara era imbarazzatissima e totalmente bloccata. Non sapeva che fare né come interpretare quei gesti eccessivamente intimi e affettuosi.

Una sera la donna chiamò Rupnik al telefono probabilmente per riferirgli della rigidità di Klara e della sua poca partecipazione.

A quel punto, padre Rupnik cambiò totalmente atteggiamento nei suoi confronti e cominciò a trattarla molto male: fu sfruttata, ignorata ed emarginata all'interno della Comunità, e anche l'atteggiamento di Ivanka Hosta nei suoi confronti cambiò radicalmente. Da quel momento fu considerata un esempio negativo, una sorella «di terza classe», incapace di osservare l'obbedienza, di pregare e di essere umile: era il loro modo per dirle che poteva solo servire le sorelle e guadagnare dei soldi, ma non aveva il diritto di parola. Fu umiliata, rimproverata e punita pubblicamente. Solo perché non aveva voluto compiacere il sovrano fino in fondo. Klara non riuscì a comunicare la causa della sua sofferenza e della sua confusione interiore, si percepiva soltanto come un relitto emotivo ormai inutile.

Poi, dopo anni di vessazioni da parte della superiora e delle sue «protette», Klara fu trasferita a Gerusalemme in una piccola sede della Comunità e tre anni dopo la lasciò definitivamente. Aveva trentacinque anni e una disperazione che non ha ancora smaltito.

Klara incontrò un'ultima volta padre Rupnik, poco prima di andarsene dall'Italia. Lo affrontò durante gli esercizi spirituali e gli disse che l'aveva ingannata sin dal principio, rivelandogli al contempo di come lei avesse scoperto il suo sistema: usava a suo vantaggio la capacità di comprendere le fragilità di ognuna, adoperando una logica distorta dell'amore per ricavarne prestazioni sessuali. Infine, quando trovava «resistenze», come era successo con lei, iniziava a compiere crudeli aggressioni psicologiche, emotive e spirituali che, insieme all'abuso fisico, distruggevano le sue vittime. Lui negò tutto: rimase impassibile e le rispose che non sapeva di che cosa stesse parlando.

Le voci nell'ombra

La veridicità delle testimonianze delle mie assistite trova ulteriore riscontro nelle dichiarazioni di altre religiose che, spontaneamente, mi hanno contattata. Queste ultime, pur preferendo rimanere nell'anonimato, hanno sentito l'esigenza morale di confermare quanto stava emergendo.

È il caso di Aleksandra (nome di fantasia), che conobbe Marko Rupnik quando era studentessa universitaria nella sua parrocchia d'origine, dove lavoravano i padri gesuiti, probabilmente nel 1986. Il gesuita teneva un ciclo di conferenze sulla spiritualità russa per i giovani di CVX. Il modo di parlare e comportarsi di Rupnik non piacque ad Aleksandra. Le sembrava demagogico, prepotente e ingiusto anche verso gli autori e il popolo a cui faceva riferimento. A quel tempo, Rupnik godeva di grande autorità tra i membri della CVX slovena. Si percepiva un'atmosfera di euforia e lui era considerato un leader indiscusso.

Personalmente si conobbero nell'agosto 1987 durante un corso di esercizi spirituali per il loro gruppo giovanile. Un anno dopo, Aleksandra optò per la vita religiosa nella Comunità Loyola, sempre durante gli esercizi guidati da lui. Come aspirante, doveva confessarsi con lui. Si recò diverse volte da Ljubljana a Gorizia, dove padre Marko risiedeva allora.

Aleksandra probabilmente non suscitò mai l'interesse di Rupnik dal punto di vista fisico, ma lui intendeva utilizzarla per i suoi progetti intellettuali. Soprattutto nei colloqui e durante la confessione, le aveva ripetuto più volte che la sua vita non valeva nulla, che non sarebbe mai riuscita a realizzare niente e che aveva problemi psicologici irrisolti. Quando entrò nella Comunità, la sottopose a una «terapia». Doveva osservare diverse foto e registrare su audiocassette ciò che vedeva e sperimentava. Successivamente, doveva riascoltarsi per diversi mesi. Questa pratica, di cui non comprendeva il senso, risultò per lei opprimente e umiliante, producendo l'effetto opposto alla crescita personale. Una volta Rupnik la derise perché non aveva riconosciuto un uomo travestito da donna.

Rupnik diffuse il suo giudizio su Aleksandra anche nella Comunità e le sorelle così la consideravano una persona con gravi problemi psicologici.

Nel rapporto con Marko Rupnik ci furono due momenti, entrambi risalenti al 1990, in cui Aleksandra desiderò morire.

La prima volta accadde dopo una confessione antecedente la Pasqua. Non ricorda precisamente cosa egli le disse, ma le sue parole provocarono in lei uno stato di profonda disperazione. Si mise in macchina per tornare da Gorizia a casa. Piangeva. Allungò il percorso per fermarsi sulla tomba del padre di Rupnik, che lui sempre descriveva come un sant'uomo, per chiedere aiuto e luce. Ma la sua prostrazione fu così intensa che sull'autostrada contemplò l'idea di gettarsi sotto un camion. La fermò solo la mano di Dio.

Questa situazione si ripeté successivamente durante gli esercizi spirituali del mese nel santuario di Santa Maria di Stignano, a San Marco in Lamis, poco prima del suo ingresso nella Comunità. Accadde dopo un colloquio in cui udì nuovamente parole di disprezzo e derisione rivolte nei suoi confronti. Lei aveva solo ventitré anni e lui invece godeva di una certa autorità, e tutti ritenevano che le sue osservazioni fossero, oltre che acute, sempre veritiere. Anche in quell'occasione, Aleksandra non vedeva alcun senso nella vita, nessuna possibilità di costruire, crescere o avere un futuro e, di nuovo, desiderò morire. La sera si recò allora nel giardino incolto, poiché nessuno se ne prendeva cura. Voleva nascondersi lì, non sapendo come affrontare ancora Rupnik e il suo sguardo ironico e umiliante. Lui non si preoccupò minimamente del fatto che lei fosse scomparsa quella sera; fu Ivanka a trovarla, l'unica che si mise a cercarla. Altrimenti non si sa come sarebbe andata a finire.

Aleksandra non ha mai raccontato queste esperienze a nessuno, eccetto in confessione e a me. In seguito si trasferì a Roma e smise di confessarsi da lui. Poco dopo, i loro cammini si separarono definitivamente e non si incontrarono mai più.

Aleksandra mi ha anche raccontato che le sorelle le avevano riferito di avere scritto due volte su Marko Rupnik all'arcivescovo di Ljubljana. Le prime lettere furono indirizzate a monsignor Alojzij Šuštar, le seconde al suo successore, il cardinale Franc Rodé. Poco tempo fa, incontratasi casualmente con il cardinale Rodé, questi le rivelò di avere bruciato tutte le lettere ricevute, poiché non voleva alimentare uno scandalo, ritenendo che in quel periodo non ci si potesse permettere una cosa del genere. Lei non replicò, ma le sue parole e il modo in cui gliele comunicò la scossero profondamente.

La testimonianza di suor Giada (nome di fantasia) conferma e rafforza anch'essa i racconti delle vittime di padre Rupnik. Presente nella casa di Mengeš tra il 1987 e il 1989, ha avuto modo di osservare direttamente molti dei comportamenti descritti da Gloria, pur non comprendendone all'epoca la vera natura. La sua memoria ha registrato con precisione i viaggi serali di Rupnik con Gloria e le sessioni di pittura notturne nella serra isolata, sempre con l'inspiegabile benestare della superiora Ivanka.

La sua testimonianza, particolarmente significativa perché porta alla luce anche un tentativo di approccio inappropriato che Rupnik fece nei suoi confronti dopo una confessione, con un abbraccio troppo invadente che lei riuscì a respingere, ha ricostruito anche il clima oppressivo che si creò nella Comunità dopo la fuga di Gloria: l'isolamento forzato, il divieto di comunicazione imposto alle altre suore, la falsa narrativa costruita da Ivanka sulle ragioni dell'allontanamento di Rupnik.

Particolarmente inquietanti sono le osservazioni sulle conseguenze fisiche e psicologiche manifestate da altre potenziali vittime: una suora che non riusciva a dormire al buio, casi di perdita di capelli e dimagrimento estremo, problemi di sonno e attacchi di panico e, soprattutto, un elemento perturbante riguardo alla misteriosa scomparsa, nel novembre del 1991 durante un campo scout, del gesuita padre Mohorič, confratello di padre Marko Rupnik e confessore di molte suore, scomparsa che alcune consorelle sospettavano potesse essere in qualche modo collegata proprio a Rupnik. I carabinieri, la gente del luogo e molti amici lo cercarono per parecchio tempo, ma non lo trovarono. Le ricerche furono condotte da padre Rupnik insieme al suo amico e guida spirituale, il gesuita padre Špidlík.

Un anno dopo, Giada vide a Roma, nella cappella del Centro Aletti, un quadro di padre Rupnik: sollevando un pezzo di stoffa, si poteva trovare nascosta una fotografia di padre Marko Mohorič. Nel 1993 furono rinvenuti dei resti umani identificati come appartenenti al gesuita scomparso. Non si è mai scoperto cosa gli sia effettivamente successo. Suor Giada ha anche sentito dire che padre Marko Mohorič incontrò padre Rupnik poco prima di partire per il campo scout e che lui gli avesse gridato contro a gran voce. Sa che diverse sorelle andarono subito sul posto e aiutarono a cercarlo (alcune di loro, a sua conoscenza, erano state abusate); erano molto preoccupate e dicevano che era un ottimo confessore, un'anima molto pura.

7

Samuelle, la fogliolina d'acciaio

Samuelle è la mia fogliolina di acciaio. La sua storia è diversa da quella delle altre. Non viene dalla Comunità Loyola, non ha mai conosciuto Ivanka Hosta, ma ha vissuto, diversamente dalle altre, per anni al Centro Aletti.

Poco tempo dopo la conferenza stampa di fine febbraio 2024, suor Samuelle si trovava a Roma e incontrò Gloria e Mirjam. Ebbero modo di stare insieme e di raccontarsi le loro reciproche storie, questa volta *de visu*. Anche lei aveva subito degli abusi da parte di padre Rupnik, perciò Samuelle si offrì di rendere testimonianza a favore di Gloria e Mirjam, visto che queste ultime stavano preparando insieme a me i loro atti giudiziari da introdurre al dicastero per la Dottrina della Fede. Samuelle, Gloria e Mirjam instaurarono subito una bella sintonia. Si compresero, riconobbero che la loro sofferenza era causata dalla stessa mano, non ebbero incertezze nei loro racconti. E poi si piacquero, cosa che, in circostanze come queste, male non fa.

Gloria e Mirjam mi chiamarono per chiedermi se potessero passare a trovarmi, perché ci tenevano che conoscessi Samuelle. Stabilimmo un orario comodo per tutte e concordammo l'incontro in studio.

Samuelle indossava dei jeans e una felpa con il cappuccio. Piccolina di statura, aveva i capelli corti, occhialini tondi e occhi vispi. Mi fece immediatamente simpatia. Le chiesi se fosse una suora – come mi avevano accennato Gloria e Mirjam – e lei mi ripose di sì. Poi le domandai quanti anni avesse, perché sembrava davvero una bambina. E come una bambina, mi guardava con lo sguardo curioso e si guardava intorno. Ma bambina non lo era affatto, e la vita con lei non era stata molto generosa.

Lei era ancora profondamente scossa per le esperienze che aveva vissuto, ma sentiva che era giusto dare una mano a Gloria e Mirjam nella loro battaglia di verità, per cui era disponibile a rendere una testimonianza *ad adiuvandum*.

L'ascoltai con attenzione, rimasi in silenzio durante le sue pause ma le feci anche tante domande. «Quello che Rupnik ha fatto a me è nulla rispetto a quello che ha fatto a Gloria» mi disse. Quando concluse il suo racconto, le feci notare che anche lei era stata una vittima di abusi, che non doveva minimizzare quello che le era accaduto, perciò non doveva limitarsi a testimoniare a supporto delle altre, doveva denunciare di suo.

Mi guardò smarrita, sembrava una fogliolina alla mercé del vento.

Non riesco a raccontarvi le emozioni di quel pomeriggio, perché non possono essere descritte, furono troppe e troppo diverse. Trascorremmo ore bellissime, intense, grondanti di commozione.

Ho ancora davanti i loro sguardi, gli abbracci, la fragilità che diventa forza, la verità che non ha bisogno di essere spiegata. Samuelle parlava e Gloria capiva e Mirjam continuava il discorso: c'era come un filo che univa le loro storie e lo stavano ripercorrendo insieme. Le stesse cose che avevano vissuto Gloria e Mirjam, gli stessi meccanismi manipolatori, trenta e passa anni dopo, Rupnik li aveva usati in un contesto completamente diverso su Samuelle. Doveva assolutamente denunciare anche lei.

Samuelle, quel giorno, entrò nel mio studio fragile come una fogliolina, e quella stessa fogliolina, lo stesso giorno, ne uscì ricoperta di acciaio.

Un'altra ragazza coraggiosa era entrata nel gruppo.

Suor Samuelle è un'eremita diocesana, incardinata nella diocesi di Troyes, in Francia. La sua vocazione ha radici profonde, che affondano in un momento preciso: una notte, all'età di tredici anni, durante una preghiera nella basilica di Montmartre, a Parigi. Fu lì che avvertì un'attrazione fortissima, quasi misteriosa, verso la vita religiosa. Piangendo, ebbe la certezza che sarebbe diventata una suora contemplativa. Questa chiamata nacque senza alcun modello familiare di riferimento: nessun parente religioso, solo qualche sporadica visita a monasteri durante le vacanze con i genitori.

Gli anni successivi furono segnati dalla ricerca di una comunità adatta nella quale inserirsi, mentre proseguiva i suoi studi. La musica classica occupava gran parte della sua vita: suonava il flauto, cantava, e a sedici anni ebbe anche una relazione con un violoncellista. Durante questo periodo di discernimento, scoprì che una cugina di suo padre viveva in un monastero benedettino, in regime di clausura stretta, con tanto di griglie, ma quel tipo di vita non la attraeva.

Fu negli anni Novanta che trovò la sua strada, quando in Francia stavano nascendo nuove comunità religiose. In particolare, a Parigi si avvicinò alle Fraternità monastiche di Gerusalemme. Questa congregazione incarnava un'idea innovativa: una vita monastica rinnovata nelle grandi città, adatta al secolo contemporaneo. La bellezza si respirava ovunque: una chiesa splendida, liturgie dove fratelli e sorelle cantavano insieme polifonie a quattro voci, un'atmosfera quasi paradisiaca arricchita da elementi orientali come icone, incenso e melodie suggestive.

Conclusi gli studi, entrò immediatamente in quella congregazione. Non era sola: erano dieci i giovani che iniziarono insieme lo stesso suo cammino. Era un periodo di grande espansione per le Fraternità monastiche di Gerusalemme, che ogni tre anni aprivano nuove case: Firenze nel 1998, poi Bruxelles in Belgio, Montréal in Canada. C'erano progetti per l'Africa, la Germania, la Polonia. La congregazione, ormai trentennale, aveva una dimensione internazionale e contava circa duecento membri, un numero considerevole per una realtà così giovane.

A Samuelle piaceva questo modo nuovo e gioioso di avvicinarsi a Dio.

La struttura gerarchica vedeva il fondatore, Pierre-Marie Delfieux, un sacerdote francese morto nel 2013 e di cui avrò modo di parlare nel capitolo successivo, come superiore generale dei fratelli. Per le sorelle c'era formalmente una superiora generale, ma nella pratica era lui a dirigere tutto. Il suo approccio era caratterizzato da una ricerca ossessiva della perfezione: enfatizzava la bellezza esteriore non solo nell'arte e nella liturgia, ma anche nell'aspetto personale dei membri. Grande importanza veniva data agli studi di ciascuno, in una costante ricerca di eccellenza che si traduceva in un mantra interiore: «Siamo i più belli, siamo i migliori».

Tuttavia, questa ricerca della perfezione nascondeva un lato oscuro. Fin dai primi tempi della sua permanenza nella congregazione, Samuelle si trovò sotto un controllo asfissiante. La superiora generale, che era anche responsabile della comunità di Parigi, la richiamava costantemente, spesso attraverso la responsabile delle giovani, accusandola di eccessiva vicinanza con altre suore. Non si parlava mai esplicitamente di omosessualità, ma il sospetto aleggiava costante, creando un clima di tensione e paura.

A soli ventun anni, giovane e desiderosa di fare del suo meglio, Samuelle iniziò a sorvegliarsi ossessivamente, nonostante non fosse affatto omosessuale e il suo desiderio di stare insieme ad altre suore rispecchiava solo la voglia di vivere la comunità nel modo migliore possibile, quindi instaurando relazioni umane sincere e stabili. Però, ogni relazione, ogni amicizia, diventava fonte di ansia. La vita comunitaria stessa si era trasformata in un paradosso: doveva vivere con le consorelle ma senza creare legami troppo stretti. «Devi essere uguale con tutte» le ripetevano, vietandole qualsiasi forma di amicizia sincera.

Ma che male poteva esserci nel mantenere un rapporto amichevole con una consorella? Provare un sentimento di simpatia o antipatia è una cosa che appartiene a tutti. Ognuno di noi ha delle preferenze, persone più affini con le quali scende in maggiore profondità nello scambio e nella confidenza.

Ma questo non andava bene, perché bisognava standardizzare gli affetti. Un tot, sempre uguale, per tutti. Come andare al supermercato, insomma, e pesare la spesa.

La situazione peggiorò drasticamente dopo il trasferimento di Samuelle in Belgio. La congregazione era composta interamente da giovani, con una superiora che non superava i trent'anni di età. E fu proprio questa superiora a fuggire improvvisamente, dopo un periodo di evidenti difficoltà che Samuelle aveva tentato di segnalare. Per avere espresso le sue preoccupazioni, venne duramente rimproverata: le dissero che non aveva «uno sguardo positivo». La fuga della superiora creò un trauma collettivo, ma secondo le regole non se ne poteva parlare. Il silenzio forzato rendeva tutto ancora più pesante.

Non era quella la vita in comunità che Samuelle si aspettava di sperimentare.

Il culmine della crisi arrivò durante una confessione con il fondatore. Samuelle cercò di esprimere il suo malessere. La risposta fu devastante: le fu detto che il suo problema era essersi innamorata della superiora fuggita e che doveva stare più attenta a questi «attaccamenti». Fu un momento traumatico, di cui ricorda ancora ogni dettaglio: il luogo, l'odore, la temperatura. Comprendendo che la superiora generale aveva condiviso con il fondatore le supposizioni sulla sua presunta omosessualità, senza che mai nessuno ne avesse parlato direttamente con lei, Samuelle si sentì profondamente violata. Perché non affrontare le questioni in modo sereno? Perché quel chiacchiericcio in malafede che creava solo problemi?

Solo anni dopo, Samuelle scoprì che questa ossessione per l'omosessualità era radicata nella storia della congregazione, anche per via di due fratelli che, agli inizi, avevano abbandonato la vita comunitaria per stare insieme. Combattere l'omosessualità era diventato un imperativo non dichiarato.

Il dolore e la confusione portarono Samuelle all'autolesionismo: non c'era niente di peggio che essere accusati di qualcosa senza neppure sapere il perché. Un processo in contumacia, senza neppure sapere di essere contumaci. Senza neppure sapere dell'esistenza di un processo. Senza sapere nulla. Iniziò allora a bruciarsi le braccia. Per tutta risposta, la comunità la mandò da uno psicologo che collaborava con un esorcista, interpretando il suo malessere come un problema spirituale anziché psicologico. Lei iniziò a credere di essere posseduta dal demonio, arrivando due volte sul punto di suicidarsi, fermandosi sul davanzale della finestra al quarto piano.

Una devastazione psicologica che non aveva motivo d'essere. Sarebbe bastato un dialogo sano, sereno, e tutto avrebbe avuto prima un senso e poi una rapida soluzione.

Samuelle è una ragazza molto disponibile, oramai la conosco bene, è capace di analisi attente e profonde, sa fare critica e autocritica strutturata. Il male che le è stato inferto poteva essere facilmente evitato utilizzando solo un minimo di buonsenso e aprendo un dialogo. Invece non solo non è esistito un dialogo, ma è stato addirittura coinvolto un esorcista. Lasciare pensare che fosse posseduta dal demonio perché accusava un malessere psicologico è stato un comportamento irresponsabile e pericoloso, che non ha nessuna giustificazione.

«Piccola fogliolina capitata in mezzo a un uragano!» mi viene da dire, citando una arringa di Giovanni Porzio, straordinario avvocato penalista napoletano che rivestì anche ruoli politici importanti nel nostro Paese.

La svolta sembrò arrivare con l'apertura di una casa a Roma. Per Samuelle rappresentava finalmente una via di fuga, una possibilità di salvezza. Prima di questo trasferimento, aveva già scritto una lettera a Marko Rupnik, di cui aveva visto i mosaici. Samuelle, infatti, era interessata all'arte del mosaico. Era una ebanista e voleva approfondire i suoi campi di azione. Era il 2006, e sebbene non avesse mai ricevuto risposta, era fortemente incuriosita dal suo lavoro artistico e dalla sua visione spirituale.

A Roma, venne assegnata a Trinità dei Monti, vivendo a piazza di Spagna. Per due anni lavorò nella casa di accoglienza per pellegrini. Sebbene avesse smesso di compiere atti autolesionistici, i malesseri interiori continuavano a farle forzosamente compagnia. L'isolamento che si era autoimposta come meccanismo di difesa aveva lasciato segni profondi: anni dopo, le consorelle di quel periodo le confessarono che la trovavano distante e dura. Al minimo accenno di un'amicizia spontanea e piacevole, si ritraeva immediatamente, terrorizzata dall'idea di creare legami troppo stretti. Forse, addirittura, di creare qualsiasi forma di legame.

Fu un anziano cardinale svizzero a cambiare il corso della sua storia. Senza entrare nei dettagli più dolorosi, Samuelle gli confidò le difficoltà che serpeggiavano nella sua congregazione: le continue tensioni, il frequente cambio di superiore, il suo malessere generale. Gli parlò anche del suo interesse per il lavoro di Rupnik. Il cardinale, figura saggia e paterna, prese l'iniziativa di chiamare personalmente Rupnik, che accettò di incontrarla.

Questo primo incontro, avvenuto nel 2008, segnò l'inizio di un nuovo capitolo della vita di Samuelle, che arrivava da

Rupnik in uno stato di profonda devastazione interiore, completamente smarrita e priva di punti di riferimento. Non aveva più alcuna fiducia nei suoi superiori ed era alla disperata ricerca di una soluzione, fosse soltanto un po' di respiro nella congregazione, dove la vita era diventata insostenibile. In modo incosciente, con la mente e il cuore molto confusi, cercava solo un modo per sopravvivere.

In Rupnik, nello studio del mosaico, in quella nuova opportunità professionale lontana dalla Francia, vide una possibilità di salvezza: c'erano l'arte, una spiritualità forte che Samuelle non aveva mai perduto, una figura centrale che sembrava capace di gestire persone e relazioni. Aveva bisogno di equilibrio, di certezza, di ordine. Come lei stessa ha ammesso, cercava inconsciamente di riprendere vita fuori dalla sua comunità, vedendo in Rupnik e nel suo ambiente artistico e spirituale una possibile rinascita.

Ma cercando di sfuggire a un ambiente tossico, si sarebbe trovata, purtroppo, coinvolta in un'altra situazione di abuso, questa volta per mano di colui che aveva visto come salvatore.

Inizialmente padre Rupnik la accolse in modo molto paterno e protettivo. Suor Samuelle arrivò nell'atelier del Centro Aletti nel settembre del 2008, lavorando part-time, solo al mattino, come le era stato imposto dalle sue superiore. Le piacque molto il lavoro del mosaico, al quale si appassionò subito, con eccellenti risultati. Era brava Samuelle, ed è ancora più brava adesso, che ha sviluppato la sua arte. Durante i primi mesi vi furono delle occasioni di colloquio con padre Rupnik. Egli le diceva che comprendeva la sua situazione e la sua ricerca di una vita religiosa dove l'arte avrebbe avuto un ruolo importante. Aggiungeva che nella sua congregazione questo non si sarebbe potuto realizzare, perché le sue superiore non potevano capire la sua sensibilità artistica, mentre lui la capiva molto bene:

Samuelle aveva solo bisogno del suo aiuto per fare maturare tutto questo.

Sentendosi finalmente compresa e accolta da padre Rupnik, suor Samuelle chiese di essere integrata nell'atelier del Centro Aletti. Fino a quel momento, infatti, essendo una lavoratrice part-time, se la squadra di artisti andava sui cantieri, lei invece restava al Centro Aletti a fare qualche lavoretto commissionatole da padre Rupnik. Nel settembre del 2010, quindi, iniziò a lavorare a tempo pieno, come gli altri: viveva dal lunedì al venerdì al Centro Aletti e partecipava ai cantieri in Italia e all'estero, collaborando attivamente e fattivamente alla produzione artistica.

Da quel momento in poi, padre Rupnik iniziò a farle capire che aveva bisogno di essere guidata meglio e che necessitava di crescere su certi argomenti, a suo dire, legati alla spiritualità. Le disse senza mezzi termini che non la trovava abbastanza femminile, chiedendole pertanto di sforzarsi per esserlo di più, sia nel vestire sia nei suoi atteggiamenti sia nel suo modo di essere. Samuelle, che era una suora e stava al Centro Aletti per imparare l'arte del mosaico, cominciò a provare disagio. Si sentiva osservata e non era più tranquilla, ma non osava dire niente.

Quei pochi frammenti di pace che aveva vissuto vennero velocemente archiviati.

All'inizio del 2012, sfruttando a proprio vantaggio un incontro che Samuelle ebbe con un suo amico sacerdote, Rupnik, di fatto, subdolamente iniziò a ricattare la ragazza. Voleva che lei fosse più concentrata sul lavoro, e la accusò di approfittare della sua accoglienza, usando il Centro Aletti per farsi gli affari suoi: pertanto lui si vedeva costretto a informare la sua superiora di questo atteggiamento sconveniente.

Samuelle allora si sentì perduta. Non aveva fatto nulla di male, aveva trascorso solo qualche ora libera in compagnia di un amico, e Rupnik adesso la minacciava di rimandarla in quell'inferno dal quale aveva fatto di tutto per scappare.

Lo sapeva, Rupnik, che non si era trovata bene in congregazione: Samuelle glielo aveva raccontato.

L'alternativa alla disobbedienza era quella di essere mandata via, così suor Samuelle non poté fare altro che sottostare alle volontà di padre Rupnik per paura di essere cacciata.

Smise di vedere quelle poche persone che prima frequentava. La sua vita, da quel momento in poi, fu solo il Centro Aletti. Ma non fu comunque abbastanza per lui. A quel punto, padre Rupnik pretese anche altro, aumentando la sua sfera di controllo su di lei. Intensificò i loro colloqui personali, colloqui che lui identificava come formativi, perché Samuelle doveva crescere spiritualmente attraverso i suoi insegnamenti, dovendo imparare «la teologia del Centro Aletti». Le dava appuntamento alle ore ventidue, nel suo ufficio.

Che tenerezza mi fece Samuelle quando mi raccontò del primo incontro! Si era studiata tutta la teologia di Rupnik, aveva preparato tante domande. Voleva che lui percepisse il suo grande impegno per restare in quel posto a continuare a studiare il mosaico.

Ma a Rupnik interessava altro. Ogni incontro era centrato solo su di lui e si concludeva sempre con un abbraccio, ogni volta sempre più stringente, più intimo, corpo a corpo. Quando Samuelle provava a staccarsi, padre Rupnik la rimproverava, dicendole che quell'abbraccio era bello, che era del tutto puro.

Puro, sì. Certo.

Come l'orario degli incontri. Quell'orario, a tarda sera, lei che a quell'ora andava a dormire. Ma Samuelle non poteva opporsi. Doveva, però, stare attenta – così le diceva Rupnik – a non farsi vedere, perché bisognava evitare le malelingue.

Suor Samuelle si sentiva sempre più male, incapace di reagire, svuotata, come un oggetto nelle sue mani. Non voleva quegli abbracci, non voleva quella vicinanza, non voleva sentire il suo corpo e neppure il suo alito. Mentre stava nel suo studio, ad ascoltarlo, vedeva pure la porta della sua stanza da letto aperta e intuiva che lui sarebbe stato in grado di andare oltre. Aveva molta paura. Rigida, se ne stava seduta in silenzio, sperando che il tempo passasse in fretta e che potesse tornarsene finalmente nella sua stanza, dove, forse, sarebbe stata al sicuro.

Anche sui cantieri, padre Rupnik approfittava dei momenti in cui si ritrovava da solo con lei per molestarla: questo avveniva nella cappella di una chiesa, dietro una colonna o addirittura sull'impalcatura.

Ogni volta che era sola, Samuelle si sentiva in pericolo. E come fanno le prede che conoscono il pericolo che corrono, cercava di stare il più possibile in mezzo agli altri.

«Per lui era solo un gioco, mentre io non avevo... era diverso per me. Ti ritrovi su un'impalcatura a dieci metri d'altezza, sei completamente sola. E lui aveva letteralmente in mano la mia vita.» Le sue mani correvano sul collo, sulle spalle, sulla schiena, giocava con l'abbottonatura del suo reggiseno. Lei, seppure vestita, era impotente, sottomessa e soggiogata. Padre Rupnik molto spesso la cercava con gli occhi, le mandava baci a distanza; l'imbarazzo e le difficoltà di Samuelle crescevano. E quando trovava la forza di resistere, padre Rupnik la rimproverava dicendole che doveva avere uno sguardo puro su quanto stesse accadendo.

Diceva un foglio bianco come la neve: «Sono stato creato puro, e voglio rimanere così per sempre. Preferirei essere bruciato e finire in cenere che essere preda delle tenebre e venir toccato da ciò che è impuro». Una boccetta di inchiostro sentì ciò che il foglio diceva, e rise nel suo cuore scuro, ma non osò mai avvicinarsi. Sentirono le matite multicolori, ma anch'esse non gli si accostarono mai. E il foglio bianco

> come la neve rimase puro e casto per sempre – puro e casto – ma vuoto.[1]

Su quel vuoto, che invece per Samuelle vuoto non era, ha fatto leva Rupnik, sporcandola con un inchiostro nero come la pece, nero come il terrore e la paura, nero come l'abisso, nero come la notte più scura che non vede ancora accenno del giorno.

Se Samuelle avesse voluto continuare a lavorare nel Centro Aletti, era chiaro che sarebbe dovuta sottostare integralmente a Rupnik.

Questo stato di cose durò fino al giugno del 2014. Durante tutti quegli anni, padre Rupnik all'inizio aveva utilizzato con suor Samuelle il *love bombing*, al quale aveva poi fatto seguire la denigrazione, sia pubblica sia privata. La riempiva di complimenti e la criticava, alternando le fasi, a secondo delle finalità che voleva raggiungere.

Samuelle era completamente smarrita, non comprendendo più cosa desiderasse per se stessa e per la sua vocazione, era ormai in balia di Rupnik. Era manipolata psicologicamente e spiritualmente, completamente dipendente da lui, che le ripeteva sempre più sovente: «Senza di me non puoi fare niente». Era lui il padrone di tutto. Della sua vocazione, della sua spiritualità, della sua vita, del suo lavoro, della sua arte.

Dopo quattro anni, nell'agosto del 2014, suor Samuelle riuscì ad andare via e a tornare in Francia. Ebbe un permesso di assenza di sei mesi e ricevette 2500 euro, di cui 1100 per le spese di trasloco, come era stato concordato con la suora economa della comunità di Roma. Le restavano quindi 1400 euro in tutto. A settembre ebbe un crollo e dovette chiedere aiuto a una psicologa. Viveva momenti di panico e di angoscia, non dormiva più, gridava senza un apparente motivo. Da quel momento è iniziata per lei una lunga, difficile e dolorosa terapia, che dura tuttora, durante la quale ha iniziato a capire e a fare luce su quanto le era successo. In quello stesso periodo, poi, venne a sapere che sua madre, pochi giorni prima del suo ingresso in congregazione, aveva chiesto un colloquio con la priora generale per esprimerle preoccupazioni riguardo ad alcune sue amicizie femminili del liceo. Si trattava di due compagne di scuola con cui aveva naturalmente condiviso tempo ed esperienze durante l'adolescenza. Solo allora comprese l'origine di quegli ammonimenti ricevuti all'interno delle Fraternità monastiche di Gerusalemme: i timori anacronistici e infondati di sua madre erano stati accolti con estrema serietà dalla priora, che non aveva mai messo in discussione quell'intrusione né aveva sentito il bisogno di ascoltare la sua versione dei fatti. Quei sospetti, mai esplicitati ma sempre aleggianti, erano stati fatti circolare causando tutti i danni che sarebbero poi venuti e di cui ancora pagava le conseguenze.

Alla sua richiesta di aiuto finanziario per pagare la psicoterapia, dalla congregazione le risposero di «contare sulla Provvidenza». Al contrario, erano pronti a pagarle una sessione di agapeterapia a Montréal, così come il viaggio. L'agapeterapia, che si presenta come un approccio terapeutico basato sul concetto cristiano di «agape» (*αγάπη* in greco), ovvero l'amore incondizionato, spirituale e universale, è oggi oggetto di severe critiche, particolarmente in Francia. La sua controversa metodologia, che fonde arbitrariamente dimensione psicologica e spirituale, si è rivelata un pericoloso strumento di manipolazione, mascherando pratiche abusive dietro una facciata di presunta cura spirituale.

Samuelle ebbe poi un confronto con padre Rupnik nel novembre del 2014, perché aveva bisogno di chiarire quanto accaduto. Lui reagì molto male, andando via a incontro non ancora concluso con un atteggiamento minaccioso. Seppe anni dopo che padre Rupnik aveva incontrato la sua superiora generale per dirle che Samuelle era una traditrice e che lui era molto deluso dal suo comportamento. Questo fu raccontato a chiunque chiedesse informazioni riguardo alla sua partenza dal Centro Aletti.

Un bel modo amichevole per salutarsi.

Lasciando il Centro Aletti, suor Samuelle perse anche il lavoro, sua unica fonte di sostentamento. Ritrovandosi senza niente, dovette cercare un posto che la potesse accogliere in Francia. La notizia della sua interruzione dei rapporti professionali con Marko Rupnik fu accolta dalla congregazione senza alcuna richiesta di spiegazioni. Del resto, la congregazione religiosa di Samuelle non aveva mai cercato di capire cosa fosse successo e perché lei stesse così male. Le fu semplicemente comunicato che, avendo preso quella decisione autonomamente, doveva gestirne le conseguenze economiche senza aspettarsi sostegno. Così, durante i tre anni di esclaustrazione, si trovò priva di qualsiasi aiuto finanziario. Sopravvisse grazie alla generosità di alcune persone che integravano il poco che riusciva a guadagnare nei periodi in cui le sue condizioni le permettevano di lavorare. Le conseguenze dei traumi subiti continuavano infatti a manifestarsi, condizionando pesantemente la sua quotidianità e la sua capacità lavorativa, fin quando, a quarant'anni, si trovò costretta all'umiliazione di dovere chiedere aiuto economico per andare avanti. Questa totale mancanza di supporto da parte della congregazione ferì profondamente non solo lei, ma anche la sua famiglia e tutti coloro che si erano mobilitati per aiutarla.

Poi le proposero di realizzare una cappellina per le suore di Montréal, un piccolo luogo di preghiera. Non aveva alternative e dovette accettare, nonostante il suo stato di salute ancora precario le impedisse di lavorare con continuità. Il solo fatto di doversi confrontare nuovamente con la congregazione risvegliava in lei profonde angosce che era costretta a reprimere.

Il periodo a Montréal si rivelò difficile, malgrado i suoi sforzi per mantenere un'apparente normalità. Ogni giorno si scontrava con ricordi dolorosi che riaccendevano le sue ansie, mentre si sforzava di non mostrare alcun segno di disagio, come aveva imparato a fare negli anni. Sia nelle comunicazioni orali sia in quelle scritte, continuava a mascherare i suoi veri sentimenti, mostrando un'obbedienza quasi infantile e astenendosi da qualsiasi critica o racconto della sua esperienza. Anni di condizionamento le avevano insegnato che il silenzio era preferibile alla verità.

Il periodo di esclaustrazione si concluse con l'impossibilità di rientrare in congregazione. I forti traumi psichici subiti – e per i quali ha avuto bisogno di ricorrere a medici specialisti e a fisioterapisti, per fare fronte a quanto ancora sta curando: anoressia, stanchezza, tensione muscolare e nervosa – avevano lasciato ferite troppo profonde per permetterle di riprendere non solo la vita nella sua comunità di appartenenza, ma qualsiasi forma di vita comunitaria. Non riusciva più a vivere in un gruppo e neppure insieme ad altre poche persone. Aveva maturato un forte senso di sfiducia nei confronti di chi rappresenta l'autorità e nei confronti dei sacerdoti. Fu così che, quasi per caso, si ritrovò a vivere come eremita diocesana.

È stato un percorso lungo e molto pesante. Per anni, ha vissuto in povertà materiale.

I sei anni di lavoro che Samuelle ha prestato nell'atelier a servizio di padre Rupnik non sono mai stati regolati secondo la legge, in quanto lei non ha mai firmato nessun contratto di lavoro. Perciò, non ha maturato nessun diritto alla pensione. Dal 2010 al 2014, padre Rupnik la retribuiva mensilmente con dei contanti, poche centinaia di euro, che lei restituiva alla sua comunità.

Sia durante l'esclaustrazione sia al momento dell'uscita definitiva, non le fu fornito alcun tipo di sostegno materiale o economico, se non una piccola donazione da parte della superiora di Montreal in seguito al buon lavoro svolto per il mosaico della cappellina. Solo dopo il distacco definitivo, nel

2018, iniziò a riconoscere i meccanismi psicologici che si erano radicati in lei nel corso del tempo. Fu allora che trovò le parole per descrivere la sua esperienza e poté intraprendere un profondo percorso di ricostruzione interiore, liberandosi gradualmente dai traumi, dalle paure e dal silenzio che li avevano alimentati.

Nel 2020, quando la Comunità annunciò l'istituzione di una cellula di ascolto, decise di condividere la sua storia inviando una testimonianza scritta che conteneva aspetti molto intimi del suo percorso. Tuttavia, questa cellula non divenne mai operativa e per mesi rimase nell'incertezza sulla sorte della sua testimonianza, senza sapere chi l'avesse letta o chi ne fosse in possesso. La sua fiducia nel condividere esperienze così personali era stata ancora una volta tradita.

L'anno successivo, poi, venne istituita una seconda cellula di ascolto. Nuovamente inviò la sua testimonianza, e questa volta fu convocata per un'audizione. In seguito alle conclusioni di questa commissione, un responsabile ecclesiastico a conoscenza del suo dossier la incoraggiò ad avviare una richiesta di riparazione. La sua richiesta si articolava su tre punti fondamentali: il recupero di quei contributi pensionistici non versati nell'arco degli anni, il riconoscimento del danno materiale subito e il riconoscimento del danno morale.

Si trovò così costretta a ripercorrere più volte la sua dolorosa storia davanti a diverse persone e in diversi contesti istituzionali. Un'esperienza che finora non ha portato alcun risultato concreto, acuendo solo il suo senso di ingiustizia e la sua sofferenza morale. Questo processo estenuante non ha fatto che confermare la sensazione che la sua vita, agli occhi della Comunità dove ha trascorso vent'anni, non avesse alcun valore, nemmeno quanto bastava per regolarizzare la sua posizione pensionistica.

Questi ultimi cinque anni di preoccupazioni legali le hanno inflitto quella che si potrebbe definire una doppia pena:

al dolore di quei vent'anni si è aggiunta la sofferenza di un quinquennio di pratiche per ottenere un minimo risarcimento, senza ricevere alcuna risposta adeguata. La sua fiducia è stata così doppiamente tradita: prima durante i vent'anni d'inferno, poi in quest'ultimo periodo in cui, durante le procedure legali, le sue stesse parole sono state utilizzate dall'avvocato per screditarla.

Adesso, Samuelle pretende che vengano riconosciuti il dolore e la sofferenza che padre Rupnik le ha causato.

La mia fogliolina, intanto, si è rivestita di acciaio. Sa che non è più sola e che quello che ha vissuto non è capitato solo a lei. È piena di energia e di tante idee lavorative. E sa pure che ci sono molte persone che le vogliono bene per quello che è, con la sua forza e con le sue fragilità.

Lo scorso novembre sono andata a trovarla nel suo atelier, in Francia, e sono rimasta incantata, dalla bellezza del posto e dall'energia positiva che si respirava tra quelle mura e nei suoi lavori. Me ne sono andata a spasso per le sue stanze, riconoscendo in ogni angolo la sua mano, il suo carattere e quello che è lei adesso. Ho rovistato in cucina tra piatti e bicchieri colorati, mi sono affacciata a tutte le finestre, dalle quali entrava moltissima luce, mi sono seduta sulle sue poltrone e mi sono ritagliata un angolino dove mettermi a lavorare. Mi sono sentita a casa.

Nel suo atelier le ho chiesto di mostrarmi tutti i suoi mosaici, li ho voluti osservare con calma uno a uno. I colori che usa sono belli e vivi. Anche quando utilizza il nero, non è mai un nero opaco. Ho fatto tantissime foto ai suoi lavori, che sono i suoi e basta, e non mi ricordano per nulla le figure dei mosaici di Rupnik. Nei mosaici di Samuelle ho trovato solo la bellezza di Samuelle.

È stato molto bello condividere ritagli della sua vita. Samuelle è la sua arte e la sua arte odora di vita.

8

Il peso della verità

La prima volta in cui Gloria, Mirjam, Samuelle e io abbiamo passato due giorni fuori insieme è stato lo scorso settembre, a Milano.

Fiorenza Sarzanini, vicedirettrice del «Corriere della Sera» e giornalista di talmente chiara fama da non avere bisogno della mia povera presentazione, ci aveva invitate a partecipare a *Il Tempo delle Donne*, una festa-festival che il «Corriere» e *27esima Ora* organizzano ogni anno con tematiche importanti e illustri ospiti. Per il 2024 si è tenuto dal 12 al 15 settembre alla Triennale di Milano, e noi abbiamo partecipato a uno spazio intitolato *Le suore abusate raccontano* durante la giornata di chiusura, domenica 15 settembre, al Teatro dei burattini.

Fiorenza ha moderato il dialogo con grande sensibilità e professionalità. Per la prima volta le mie ragazze coraggiose hanno parlato in pubblico insieme, e il pubblico ne è rimasto rapito. Di quella giornata ricordo vivi il silenzio, l'attenzione e la commozione della gente – moltissima – che si era velocemente raccolta intorno a noi e l'affetto che ha travolto le mie ragazze coraggiose quando hanno finito di raccontare le loro storie. Tante persone hanno manifestato solidarietà, stima e partecipazione; qualcuno ha voluto abbracciarle, tanti si sono soffermati a lungo, a chiacchierare, a chiedere cosa potesse fare un comune cittadino per aiutarle ad avere giustizia.

Quando sul tardi sono riuscita a parlare al telefono con mio marito, la prima cosa che mi ha chiesto è come fosse andata. Mi è venuto in mente quando quella volta fui io a chiedergli, dopo la conferenza stampa, il suo parere, e così ho sorriso. Gli ho risposto, perciò: «Bene, perché sono vere e dicono la verità».

Altra meta di viaggio è stato il luogo sacro e mariano per eccellenza: Lourdes e il suo santuario, dove per primi si sono posti pubblicamente il problema della conservazione dei mosaici realizzati da Rupnik e dal suo atelier, nello specifico quelli che figurano all'ingresso della basilica di Nostra Signora del Rosario. La scelta della destinazione ci era sembrata naturale.

Lo scorso 2 luglio, infatti, a seguito di una lunga riflessione, monsignor Jean-Marc Micas, vescovo di Lourdes e Tarbes, aveva emanato questo comunicato:

> Ho potuto ascoltare e leggere le opinioni di molte persone che mi hanno inviato i loro contributi: cardinali e vescovi, artisti, avvocati, vittime, pellegrini e così via, e oggi posso constatare che le opinioni sono molto divise e spesso polarizzate. I mosaici devono essere lasciati dove sono? Devono essere distrutti? Dovrebbero essere rimossi o esposti altrove? Non c'è consenso su nessuna delle proposte. Le posizioni assunte sono vivaci e appassionate. Da parte mia, la mia opinione personale è ormai chiara: questa situazione non ha nulla a che vedere con altre opere il cui autore e le cui vittime sono morti, a volte da diversi secoli. Qui le vittime sono vive e lo è anche l'autore. Inoltre, nel corso dei mesi ho capito che non spetta a me ragionare sullo status di un'opera d'arte, sulla sua «moralità», che va distinta da quella del suo autore. Il mio ruolo è quello di garantire che il santuario accolga tutti, in particolare coloro che soffrono, comprese le vittime di abusi e violenze sessuali, sia bambini che adulti. A Lourdes, i sofferenti e i feriti che hanno bisogno di consolazione e riparazione devono essere messi al primo posto. Questa è

la grazia speciale di questo santuario: nulla deve impedire loro di rispondere al messaggio della Madonna di venire qui in pellegrinaggio. Poiché questo è diventato impossibile per molte persone, la mia opinione personale è che sarebbe preferibile rimuovere questi mosaici. Questa opzione non è largamente accettata. Anzi, incontra una vera e propria opposizione da parte di alcuni: l'argomento suscita passioni. Oggi, la decisione migliore da prendere non è ancora matura e la mia convinzione è che una decisione che non sarebbe sufficientemente compresa aggiungerebbe ancora più divisione e violenza. Continuerò quindi a lavorare a stretto contatto con le vittime, per discernere ciò che deve essere fatto, qui a Lourdes, per onorare l'assoluta necessità di consolazione e riparazione. Da subito, e concretamente, ho deciso che questi mosaici non saranno più evidenziati come lo sono stati finora dai giochi di luce durante la processione mariana che riunisce i pellegrini ogni sera. Questo è un primo passo.

Risposi subito con un comunicato stampa:

Si tratta di un primo passo, che accogliamo con favore, ma è necessario che a questo passo se ne aggiungano altri, in breve tempo. La prima denuncia, rimasta inascoltata, di Gloria Branciani risale, infatti, al 1994, trent'anni fa. E se è vero che nelle ore serali i mosaici non saranno più illuminati, di giorno saranno comunque ben visibili e continueranno ad alimentare lo sconcerto dei fedeli e il sentimento di dolore delle vittime. Le vittime che rappresento sono disponibili a incontrare monsignor Micas per procedere insieme, in un percorso di discernimento, che possa davvero portare a ristoro e consolazione.

Decidemmo che era il caso di andare tutte a dare un'occhiata. Così Gloria, Mirjam, Samuelle, Klara e io partimmo per Lourdes. Non riuscì a raggiungerci Pia, e ci dispiacque molto. Un weekend lungo, tutto per noi, con un intruso, mio marito, che, come già anticipato, fece ritorno a casa con il privilegio di essere nominato «quota azzurra» del gruppo.

Prendemmo un volo alle sei del mattino da Ciampino, dormivo in piedi, il primo miracolo di quel viaggio fu che sentii la sveglia alle tre e mezzo. Mirjam, Gloria e Samuelle avevano pensato alla logistica. Decisero che avremmo condiviso un appartamento. Confesso che all'inizio ero stata un po' dubbiosa, ma al ritorno non potevo essere più felice di quella scelta.

La prima cosa che facemmo, dopo avere preso possesso della nostra casetta – mancava ancora Samuelle, che sarebbe arrivata da Parigi in serata – fu quella di andare a fare la spesa. Fu divertente.

Il clima di intimità misto ad allegria accompagnò tutte le giornate.

Samuelle usciva presto la mattina per farci trovare dolci appena sfornati per la colazione, tutte cucinavano e in qualche modo cercavo di dare una mano anche io – o quantomeno di non dare fastidio –, anche se loro erano bravissime e organizzatissime. Le sere, davanti a una bevanda calda, parlavamo a lungo tutte insieme. Qualche volta anche Giuseppe dava il suo contributo, che risultava gradito.

Conversazioni intense, cui ognuno partecipava con profonda sincerità.

In quei giorni, facemmo il giro di tutti i luoghi di Bernadette. Tutta la cittadina di Lourdes è un luogo caratterizzato dalla sua presenza, un paesaggio scandito dai suoi passaggi. E Samuelle, questo, lo sapeva meglio di me. Infatti, quando ancora lei doveva raggiungerci a Lourdes e io le risposi al telefono dicendole che ci trovavamo a casa di Bernadette, lei mi domandò in quale delle sue case fossimo, e poi scoppiammo a ridere.

Al culmine del nostro viaggio, ci recammo alla basilica, una piccola processione di sei persone forse un po' rumorosa, ma sicuramente molto rispettosa del luogo. Ci intrattenemmo a lungo a guardare i mosaici di Rupnik e a chiederci perché fossero ancora lì, considerato quello che era accaduto. Tante donne abusate avevano manifestato di non volersi più fermare in preghiera in quel posto, non mi sarei fermata neppure io, fossi stata in loro. Lì, in effetti, non riuscii a pregare.

Nel mentre, tanti fedeli e moltissimi ammalati sfilavano affidandosi alla Madonna e pregando santa Bernadette, una lunghissima e silenziosa processione che mi commosse. La loro fede incrollabile mi dava forza. E mi piacque che l'altare davanti il quale si fermavano a pregare desse le spalle ai mosaici.

Giungemmo alla grotta delle apparizioni e condividemmo un momento di preghiera – lì sì, pregai – e poi ci sedemmo tutti al di là del fiume, sul muretto, a cercare di immaginare cosa avesse visto e provato la piccola Bernadette mentre cercava la legna e all'improvviso la sua vita cambiò per sempre.

Furono momenti molto intensi, carichi di emozioni.

E fu così per tutto il viaggio, che ci ha unite ancora di più: quando avevo freddo, Mirjam mi trovava qualcosa per coprirmi, quando cercavo qualcosa, Gloria, Samuelle o Klara avevano sempre la soluzione alla mia ricerca. Le mie ragazze non sono solo coraggiose, sono anche straordinarie.

Il sole ci accompagnò per tutti i giorni della nostra permanenza, e io scoprii solo dopo che in realtà è assai difficile riuscire a trovare sempre bel tempo in mezzo ai Pirenei. Speriamo ci accolga lo stesso tempo quando finalmente riusciremo a mantenere la promessa che ci siamo fatte: ritornare a Lourdes nel momento in cui quei mosaici saranno rimossi.

Per loro e per tutte le vittime di abusi.

Queste, una dietro l'altra, raccolte come in un'esposizione dell'orrore ma anche di gioia e sorellanza, sono le storie delle mie ragazze coraggiose, donne che hanno osato alzare la voce quando il silenzio sembrava l'unica via possibile. Portavano con sé il sogno di una vita dedicata a Dio, invece hanno trovato l'abisso.

Vite distrutte, ridotte in macerie dalla stessa persona, un predatore.

Tanti sapevano e non hanno fatto nulla.

Tanti lo sanno anche adesso e continuano a non fare nulla.

Le testimonianze che abbiamo attraversato non si fermano alla superficie dei fatti: ci conducono nelle profondità dell'anima ferita, là dove l'abuso ha frantumato l'intero edificio spirituale e identitario delle vittime. Sono voci che con coraggio emergono dal silenzio per rivelare non soltanto la violenza fisica subita, ma soprattutto quello sconvolgimento interiore che ha alterato la percezione di sé, della fede, della Chiesa e di Dio stesso. Grazie a loro, entriamo in quel territorio sacro del dolore dove ogni parola ha il peso di una confessione e, allo stesso tempo, la speranza di una rinascita.

9

L'arte dell'abuso

Padre Marko Rupnik, nato nel 1954 a Zadlog, in Slovenia, si è affermato come uno dei più influenti artisti sacri contemporanei, realizzando mosaici per alcuni dei luoghi di culto più significativi al mondo, dalla cappella Redemptoris Mater in Vaticano al santuario di San Giovanni Paolo II a Cracovia e alla basilica di Nostra Signora del Rosario a Lourdes: in giro per il mondo, si contano duecentoventotto opere sacre firmate da lui, solo in Italia sono centoundici, a cui bisogna aggiungere i quadri, le vetrate e le opere funerarie di proprietà di privati. Alcune di esse si estendono su superfici monumentali: oltre ai maestosi mosaici sulla facciata esterna della basilica del Rosario a Lourdes, parliamo di più di 2400 metri quadri nel santuario di San Pio da Pietrelcina, a San Giovanni Rotondo, di oltre 2000 metri quadri parzialmente realizzati su quattro facciate della basilica di Aparecida in Brasile, di più di 3500 metri quadri nel santuario di San Giovanni Paolo II a Cracovia e di 1700 metri quadri tra pitture e mosaici nella cappella del Pontificio seminario romano maggiore.

La sua influenza artistica si è estesa ben oltre la realizzazione dei mosaici: ha creato una vera e propria scuola di arte sacra contemporanea attraverso il Centro Aletti, formando numerosi artisti e influenzando l'architettura sacra in tutto il mondo, specie nell'ambito del mosaico. Le sue opere sono state oggetto di molteplici pubblicazioni e hanno ricevuto riconoscimenti internazionali, tra cui il premio Città di Roma per l'arte sacra nel 1999 e il premio Paolo VI per l'arte sacra nel 2018.

Suo il logo del Giubileo straordinario della Misericordia del 2016, che mostra la figura di Gesù nella discesa agli inferi mentre si carica sulle spalle l'umanità di Adamo.

Un successo straordinario e planetario, il suo.

È l'artista cattolico per antonomasia. Una *cattostar*.

Sue le immagini che spesso Vatican News utilizza per le festività liturgiche. Nonostante tutte le polemiche, il sito dell'informazione vaticana tira dritto. Tra tutte le immagini di santi o di episodi biblici esistenti, quelle di Rupnik continuano a godere di una corsia preferenziale. E continuerà a godere di questa corsia preferenziale anche nel 2025. Le immagini di Rupnik, infatti, sono state scelte anche per le festività liturgiche di quest'anno. Non importa se questo ferisca le vittime, non importa se le vittime stesse si siano risentite e lamentate pubblicamente di quel continuo pubblicizzare le sue opere. Dicono valga il principio di innocenza – ed è giustissimo – ma pure quello della assoluta mancanza di considerazione nei confronti delle vittime. E questo, però, non va affatto bene.

Bisognerebbe mandare oltretevere la nuova normativa italiana sul codice rosso.

Rupnik oggi non è più un gesuita. Il 9 giugno 2023, in conformità al diritto canonico, a causa del suo rifiuto ostinato di osservare il voto di obbedienza, è stato dimesso dalla Compagnia di Gesù. Una decisione resa nota con un comunicato ufficiale firmato da padre Johan Verschueren, delegato del padre generale Arturo Sosa:

> Il Team Referente in casi di denunce nei confronti di gesuiti appartenenti alla DIR ci ha consegnato nel febbraio 2023 il suo dossier relativamente alle numerose denunce di ogni ti-

> po che ci sono giunte, provenienti da fonti molto diverse e per fatti avvenuti in un arco temporale di oltre trent'anni a riguardo di padre Rupnik. Come Superiori abbiamo ritenuto il grado di credibilità di quanto denunciato o testimoniato come molto alto e ci siamo attenuti alle indicazioni e alle raccomandazioni forniteci dal Team Referente nelle sue considerazioni finali.
> Così abbiamo imposto a padre Marko Rupnik di cambiare di comunità e di accettare una nuova missione in cui gli abbiamo offerto un'ultima possibilità come gesuita di fare i conti con il proprio passato e di dare un segnale chiaro alle numerose persone lese che testimoniavano contro di lui, per poter entrare in un percorso di verità. Di fronte al reiterato rifiuto di Marko Rupnik di obbedire a questo mandato, ci è rimasta purtroppo una sola soluzione: la dimissione dalla Compagnia di Gesù.[1]

Ma la sua figura di artista-imprenditore all'interno dell'ordine dei gesuiti rappresentava già di per sé un'anomalia significativa: come membro dell'ordine, aveva pronunciato i voti di castità, povertà e obbedienza, incluso il voto specifico di obbedienza assoluta al papa, espresso nella formula latina *Perinde ac cadaver* («Come un cadavere»). Ma proprio questa sua particolare posizione all'interno della Chiesa ha contribuito a creare le condizioni per quello che si rivelerà un sistema di abusi protratto per decenni con la complicità di alcuni e il silenzio di tanti.

Nel 1993, Rupnik a Roma iniziò a dirigere il Centro Aletti – inaugurato il 12 dicembre alla presenza di papa Giovanni Paolo II – che, come abbiamo detto, diventerà un punto di riferimento per l'arte sacra contemporanea. Ma già all'inizio del 1992 l'idea di un centro di studi e arte stava prendendo forma, con un progetto che vedeva coinvolti padre Tomáš Špidlík e lo stesso Marko Rupnik. In quel periodo, i due erano alla ricerca di una sede appropriata e vennero in contatto con la vedova del signor Ezio Aletti, la dottoressa Anna Maria Gruenhut Bartoletti. Iniziò così una serie di incontri: sia Marko sia padre Špidlík si recavano frequentemente dalla signora per discutere del progetto. Era una donna anziana, molto riservata e delicata nei modi, che viveva nel palazzo che sarebbe poi diventato la sede del Centro. Durante questi incontri, che si svolgevano in un'atmosfera informale tra tè e pasticcini, Marko presentava la sua visione: un nuovo modo di vivere la vita religiosa, svincolato da quelli che lui definiva «vecchie regole» e «vecchi sistemi». Dipingeva l'immagine di una comunità intellettualmente preparata, composta da persone laureate, capace di entrare in empatia con il mondo contemporaneo. Come ha ricordato Gloria, Rupnik si poneva sempre come «il top del top», e chi gli stava intorno doveva allinearsi a questa visione di eccellenza.

Una masterclass, insomma.

La signora Aletti, che inizialmente conosceva i gesuiti del Pontificio istituto orientale, fu particolarmente colpita dalla proposta di Rupnik di creare un centro che unisse Oriente e Occidente. Il progetto coinvolgeva non solo la dimensione artistica, ma anche una profonda riflessione teologica, garantita dalla presenza di padre Špidlík, uno dei maggiori esperti del mondo slavo a livello accademico, che sarebbe poi diventato cardinale.

L'accordo finale prevedeva la donazione del palazzo ai gesuiti, con la garanzia che la signora Aletti avrebbe mantenuto a sua disposizione un'intera ala dell'edificio. Il Centro Aletti iniziò la sua attività al piano terra, nella parte sinistra del palazzo, mentre la parte alta rimaneva della signora, compreso l'appartamento dove si sarebbe poi stabilito padre Špidlík, dopo la morte della vedova Aletti.

Gloria mi raccontò di come la finalità dichiarata di creare un centro per l'ecumenismo orientale fosse solo la superficie di un progetto ben più calcolato. «Una grande accoppiata» li definì con ironia e amarezza, descrivendo come Rupnik e Špidlík avessero orchestrato ogni movimento con precisione chirurgica. Attraverso una raffinata strategia di persuasione, fatta di piccoli passi studiati e di una sapiente manipolazione psicologica, i due erano riusciti a fare convergere le aspirazioni della vedova Aletti verso il loro progetto, scartando sistematicamente le altre proposte presentate dai confratelli gesuiti. Un'operazione che, vista oggi attraverso il prisma degli eventi successivi, rivela tutta la sua natura di conquista strategica mascherata da progetto spirituale.

Tra le questioni irrisolte, emerge il destino delle proprietà di via Paolina. La posizione della Compagnia di Gesù, espressa attraverso le parole di padre Johan Verschueren, delegato per le Case e opere internazionali romane, appare netta nella sua volontà di recidere ogni legame con il Centro Aletti. Un «fermo desiderio», come lui stesso lo ha definito, di prendere le distanze non solo moralmente ma anche giuridicamente, uscendo formalmente dall'Associazione pubblica di fedeli e cercando di rescindere ogni forma di partnership. Tuttavia, questa decisione si scontra con un nodo giuridico complesso e delicato: il palazzo Aletti è proprietà dei gesuiti per precisa volontà della vedova. La sua donazione era vincolata a una clausola specifica: l'edificio doveva diventare sede di un centro culturale internazionale. Di fronte a questa evidenza, Verschueren ha dovuto ammettere che il legame tra la Compagnia di Gesù e il Centro Aletti, «incluso il comodato per l'utilizzo della casa», è oggetto di una «revisione totale», un processo che richiederà tempi giuridici adeguati.

La situazione rimane sospesa in un limbo di incertezze e domande senza risposta. I gesuiti dovranno chiarire non solo il destino dello stabile, ma anche come intendano onorare la clausola di donazione. Emerge inoltre un paradosso, anzi due: come giustificare il fatto che il Centro Aletti, da cui ci si vuole dissociare, continua a portare un nome che evoca una stretta relazione con l'ordine gesuitico e, soprattutto, la presenza di Marko Rupnik, visto che non è più un gesuita? È in questo luogo, infatti, che, secondo le testimonianze emerse successivamente, sono continuati gli abusi già iniziati nella Comunità Loyola, a Ljubljana, da lui fondata con Ivanka Hosta agli inizi degli anni Ottanta; comunità che avrebbe dovuto essere sciolta entro un anno a partire dal 20 ottobre 2023, data del decreto del dicastero per gli Istituti di vita consacrata e le società di vita apostolica, ma che a oggi non risulta ancora tale.

Nella storia della Comunità Loyola, il ruolo di Rupnik è stato centrale e profondamente problematico. Era lui a cercare e selezionare le vocazioni fino al momento della rottura definitiva, gestendo di fatto il carisma di fondazione. Secondo le testimonianze raccolte, Rupnik sosteneva che suor Ivanka Hosta, pur detenendo tale carisma, non fosse capace di comunicarlo e strutturarlo adeguatamente, attribuendosi così un ruolo di mediazione che si rivelerà poi strumentale al suo sistema di controllo.

Il legame tra Rupnik e Hosta affondava le radici in un passato più lontano: si conoscevano da quando lei aveva sedici anni, un rapporto che Rupnik descriveva con particolare enfasi emotiva. Come mi ha raccontato Gloria, lui ne parlava in termini quasi mitici, descrivendola come «uno spirito libero, come una zingara». La sua retorica si nutriva di metafore suggestive: gli zingari come emblemi di libertà, persone svincolate dal possesso materiale, portatori di un'idea spirituale del pellegrinaggio, sempre in movimento verso una libertà maggiore. Tuttavia, quando Gloria incontrò Ivanka per la prima volta, la realtà si rivelò ben diversa dall'immagine poetica dipinta da Rupnik. Invece di una figura bohémienne dai capelli al vento, che correva a piedi scalzi sul prato, si trovò davanti una giovane donna bionda, dagli occhi marroni, di una bellezza quasi angelica ma fin troppo composta: capelli perfettamente ordinati, occhiali appoggiati con rigore sul naso, abbigliamento impeccabile con camicetta chiusa e gonna sotto il ginocchio. Per Rupnik, vestita in quel modo, non sarebbe andata molto lontano neppure se fosse stata di corsa.

Da qui emergono dettagli significativi sul controllo esercitato da Rupnik persino sull'abbigliamento delle giovani donne. Come dichiarato sempre da Gloria, impartiva lezioni su come vestirsi «in maniera femminile integrata», con precise indicazioni sulla lunghezza delle gonne e su come queste dovessero evidenziare i fianchi. Anche se la grazia di Gloria era di grande impatto per gli uomini, cosa della quale lei non era assolutamente consapevole, essendo molto magra, si sentiva inadeguata rispetto all'imposizione di quegli standard estetici da parte di padre Rupnik.

Tornando a Ivanka Hosta, nonostante la prima impressione discordante, la superiora si rivelò comunque a Gloria come «una bella anima». I loro incontri erano caratterizzati da profonde conversazioni spirituali, dove Ivanka condivideva le sue esperienze di preghiera e il suo rapporto con il divino. Come per molte altre, l'inizio del percorso comunitario fu segnato da un senso di grande accoglienza e conferma personale. Gloria, per la prima volta nella vita, si sentiva pienamente accettata e valorizzata, un'esperienza che rafforzò la sua autostima e la convinse di potere fare «una scelta significativa», quella della vita comunitaria, appunto.

Invece, il primo incontro di Mirjam con Ivanka avvenne quando la mia ragazza coraggiosa aveva quindici anni, durante un ritiro spirituale in un monastero vicino al confine italiano, nei pressi di Gorizia. Inizialmente Mirjam non fu colpita positivamente da Ivanka, che le appariva troppo mistica nel suo modo di esprimersi, quasi «in settimo cielo». Tuttavia, come forma di cortesia, in quella occasione chiese il suo indirizzo come aveva fatto con le altre partecipanti, e da qui nacque uno scambio epistolare che si rivelò trasformativo: le lettere di Ivanka conquistarono Mirjam per la profondità del pensiero e la bellezza dell'espressione.

Il rapporto tra Marko Rupnik e Ivanka Hosta emerge dalle testimonianze come una relazione complessa e disfunzionale, caratterizzata da dinamiche di potere e manipolazione reciproca. Rupnik aveva costruito intorno a lei un'aura di spiritualità carismatica che però lui stesso si arrogava il diritto di interpretare e mediare. Il carisma lo aveva lei, ma lo poteva gestire solo lui. Questa dinamica gli permetteva di esercitare un doppio controllo: da una parte su Ivanka stessa, dall'altra sulle religiose della Comunità: Rupnik aveva costruito un muro tra Ivanka e le altre suore, presentandosi come l'unico in grado di «interpretare» il suo carisma e trasmetterlo alle sorelle. «Ivanka ha il carisma, ma non lo sa trasmettere» ripeteva spesso, creando così una dipendenza da lui sia a livello personale sia comunitario. Questo meccanismo perverso aveva trasformato Ivanka da figura carismatica a strumento inconsapevole degli abusi di Rupnik, compromettendo la possibilità di relazioni autentiche all'interno della Comunità.

La figura di Ivanka Hosta ha rappresentato per molte religiose una delle delusioni più profonde e laceranti della loro esperienza. Inizialmente vista come una guida spirituale carismatica, una donna che incarnava un nuovo modo di vivere la consacrazione religiosa, come abbiamo per esempio appurato dalle dichiarazioni di Gloria e Mirjam, Ivanka si rivelerà, nel momento cruciale, incapace di proteggere le sue sorelle dagli abusi o, peggio, complice, se non anche prima artefice nel loro occultamento.

La trasformazione sarà drammatica: quando emergeranno le prime denunce contro Rupnik, invece di sostenere e proteggere le vittime, Ivanka risponderà instaurando un regime ancora più oppressivo e controllante. La Comunità si trasformerà in quello che le testimoni hanno definito «una vera e propria setta»: le religiose non potranno più scegliere liberamente il proprio confessore, saranno obbligate a condividere il contenuto delle loro preghiere personali, venendo costantemente monitorate. Un doppio tradimento: non solo Ivanka non proteggerà le vittime, ma imporrà un sistema di controllo che le vittimizzerà ulteriormente.

La delusione sarà tanto più profonda quanto più alto era stato l'investimento emotivo e spirituale in lei. Le religiose che l'avevano scelta come punto di riferimento, vedendo in lei un rinnovato modello di vita consacrata, si troveranno poi di fronte a una figura che, per paura o per calcolo, sceglierà di sacrificare la verità e il benessere delle sue sorelle per mera utilità propria: la sopravvivenza della Comunità Loyola. Le conseguenze di questo tradimento emergono con particolare forza nelle testimonianze: molte religiose, già devastate dagli abusi subiti, si sentiranno ulteriormente ferite da colei che avrebbe dovuto essere la loro principale protettrice.

Durante il periodo successivo alla partenza di Rupnik per Roma, venne fuori che alcune religiose rimaste nella Comunità Loyola erano consapevoli delle «attenzioni» che Rupnik aveva riservato a delle consorelle, fatto che monsignor Libanori della Compagnia di Gesù ha poi riconosciuto in un rapporto pubblico del 18 ottobre 2022. Le sue parole sono emblematiche della gravità della situazione:

> Le persone ferite e offese, che hanno visto la loro vita rovinata dal male patito e dal silenzio complice, hanno diritto di essere risarcite anche pubblicamente nella loro dignità, ora che tutto è venuto alla luce. La Chiesa – noi – abbiamo il dovere di un serio esame di coscienza e chi sa di avere delle responsabilità deve riconoscerle e chiedere umilmente perdono al mondo per lo scandalo [...]. Tutti noi vogliamo la verità. Ne abbiamo diritto. Cercarla è un preciso dovere. C'è la verità tremenda dei fatti contestati che impone alla Chiesa di assumere la pro-

> pria responsabilità dichiarando senza ambiguità chi è la vittima e chi l'aggressore e assumendo le misure necessarie perché il ministero della Chiesa non venga profanato.[2]

Insomma, dietro il grande successo di Rupnik come artista si nascondeva un'ombra che ha iniziato a manifestarsi già negli anni Ottanta e Novanta mentre svolgeva la funzione di guida spirituale. Voci di malessere e denunce di abusi sono rimaste per anni soffocate da un sistema di potere che ha protetto l'artista gesuita e silenziato ogni richiesta d'aiuto da parte delle vittime.

> Il sigillo della confessione può essere violato in un modo specifico che contraddice chiaramente il diritto canonico, cioè il sigillo della confessione vale anche verso la persona che si confessa. Non ho capito il significato di questo fino a quando non ho iniziato a studiare l'abuso spirituale. Quanto è facile per un confessore che incontra la persona non solo in confessione fare pressione più o meno velatamente con debolezze che sa dalla confessione. Analogamente, questo vale anche per i processi di accompagnamento.
> In questo contesto l'obbedienza diventa uno strumento di potere e di dominio.[3]

La grande esplosione del caso a livello mediatico si è poi verificata quando alcuni ex membri delle comunità guidate da lui hanno trovato il coraggio di condividere le loro esperienze. Gloria è stata la numero zero, colei che ha dato inizio a tutto: nel giugno 2022 ha pubblicato una lettera aperta per ribadire la sua testimonianza, resa il 10 dicembre 2021 al dicastero per la Dottrina della Fede. La sua deposizione si inseriva nell'indagine ecclesiastica avviata dopo che diverse religiose ed ex religiose avevano denunciato gli abusi subiti da parte di padre Marko Rupnik. Le testimonianze, come abbiamo avuto modo di leggere nel capitolo precedente, hanno rivelato un sistema di controllo psicologico e spirituale asfissiante. Le vittime hanno descritto manipolazioni sottili ma devastanti, dove la spiritualità diventava strumento di potere e l'arte mezzo di seduzione. Il clima di terrore psicologico instaurato da Rupnik era tale che molte vittime hanno impiegato decenni per trovare la forza di parlare.

Di fronte all'accumularsi delle prove, la Compagnia di Gesù ha poi avviato un'indagine interna che, come abbiamo già ricordato, ha portato nel giugno 2023 alla decisione di dimettere Rupnik dall'ordine «per disobbedienza». Una motivazione formale che prova a nascondere la gravità delle accuse accertate.

Il 2 dicembre 2022, attraverso un comunicato ufficiale della sala stampa della Santa Sede, il portavoce vaticano Matteo Bruni aveva già confermato l'esistenza delle denunce. La pubblicazione sul sito dei gesuiti della cronologia dettagliata delle indagini ha rivelato non solo la sequenza degli eventi, ma anche le falle nel sistema di gestione degli abusi all'interno della Chiesa.[4]

Pur accogliendo positivamente le decisioni prese contro Rupnik, è necessario sottolineare come la giustizia ecclesiastica si sia mossa con estrema lentezza e solo dopo la pressione mediatica. E, ancora, purtroppo, non è arrivata da nessuna parte. Come avvocato delle vittime, sottolineo con forza come il caso Rupnik metta in luce gravi mancanze sistemiche della Chiesa cattolica nell'affrontare gli abusi, in particolare nei confronti delle religiose, argomento, questo, di fatto mai esaminato in modo serio e sistematico. Rupnik ha sfruttato la sua posizione di autorità spirituale per manipolare e abusare di giovani donne vulnerabili, ed è evidente che non agiva isolatamente, ma protetto da una rete di complicità e omertà all'interno della Chiesa stessa.

> Rupnik non ha smesso di viaggiare, condurre esercizi spirituali ed esercitare incarichi importanti in diversi dicasteri vaticani. Fino al 2020 era direttore del Centro Aletti e in agenda aveva anche la direzione degli esercizi spirituali al santuario della Santa Casa di Loreto per il febbraio 2023. Insomma, molti nella Chiesa erano a conoscenza dei suoi «problemi comportamentali» ma Rupnik, nonostante le denunce e le indagini interne, ha continuato a esercitare il suo ministero e a ottenere apprezzamenti come niente fosse. A fine novembre 2022 ha ricevuto anche una laurea *honoris causa* dalla Pontificia università cattolica del Paranà, in Brasile.[5]

Pure premiato. Modello virtuoso esemplare.

Un aspetto particolarmente problematico del caso, che ho dovuto per forza di cose affrontare nel mio lavoro, riguarda poi la gestione finanziaria delle attività di Rupnik, che solleva ulteriori e gravose domande: come è possibile che nessuno all'interno dell'ordine si sia mai interessato ai consistenti flussi di denaro generati dalle sue numerosissime opere artistiche? Qual è stata la destinazione di questi fondi, considerando che erano prodotti da un membro di un ordine religioso votato alla povertà?

Nel 2007, il gesuita costituì la Rossoroblu srl, detenendo il 90 per cento delle quote societarie, «per la creazione e posa in opera, in laboratorio e sul luogo, di mosaici, vetrate, affreschi, murales, sculture, pitture in tutte le varie tecniche e arti». Il restante 10 per cento è detenuto da Manuela Viezzoli, una ex sorella della Comunità Loyola «che ora fa parte del "cerchio magico" delle sue fedelissime, le laiche consacrate della Comunità della divino-umanità».[6] Una società della cui esistenza era all'oscuro persino padre Johan Verschueren, delegato del preposito generale della Compagnia di Gesù per le Case internazionali dei gesuiti a Roma e superiore di Rupnik, come lui stesso ha pubblicamente dichiarato.

> Con un capitale sociale di partenza di 10.000 euro; alla fine del 2022 risulta avere quindici dipendenti, mentre il bilancio dell'anno precedente registra un fatturato di 1.176.500 euro e un utile di 119.607 euro. L'andamento societario è in crescita (più 32,50 per cento nel 2019) e l'utile negli ultimi anni è sempre aumentato, passando dai 41.490 euro del 2017 fino ai 95.481 euro del 2020. Amministratrice unica e rappresentante dell'impresa è Manuela Viezzoli e i soci risultano essere sempre loro due, Viezzoli e Rupnik. Al 31 dicembre 2021, nell'attivo dello stato patrimoniale, la società presenta, tra l'altro, 593.713 euro di crediti, quasi tutti crediti commerciali. Questo credito è aumentato nell'esercizio 2021 di 117.015 euro, che corrisponde quasi esattamente all'utile d'esercizio della società (119.607 euro). La società, insomma, va a gonfie vele.[7]

Il 13 luglio 2023, poi, poco dopo la sua espulsione dall'ordine, Rupnik modificò l'assetto societario, riducendo la sua quota al 10 per cento. I dati finanziari della società rivelano un fatturato significativo di oltre 1,4 milioni di euro nell'ultimo anno fiscale, con utili di 32.000 euro. Questa situazione finanziaria complica ulteriormente la possibilità di ottenere giustizia per le vittime, dato che gli utili non distribuiti dell'ultimo anno (circa tremila euro per la quota di Rupnik) rappresentano l'unica somma su cui potrebbero potenzialmente rivalersi.

L'attività artistica di Marko Rupnik ha generato comunque nel tempo un vasto impero commerciale che va ben oltre la realizzazione dei mosaici. Una fetta significativa di questo sistema economico è rappresentata dal merchandising: le sue opere vengono riprodotte su una svariata gamma di oggetti religiosi – stampe, quadri, icone sacre – commercializzati attraverso numerosi canali di vendita online e nei punti vendita presenti in tutti i luoghi dove si trovano i suoi mosaici. Questo commercio genera un consistente flusso di diritti d'autore e *royalties*.

L'intreccio di interessi commerciali si estende anche al settore editoriale. Fino al 2001, Rupnik è stato socio della Lipa srl, società che gestisce l'editoria del Centro Aletti. La società in questione non si limita alla distribuzione dei quarantadue libri pubblicati da Rupnik, ma commercializza anche le riproduzioni in alta risoluzione delle opere realizzate dall'atelier d'arte e architettura del Centro Aletti. È interessante notare come, dopo lo scoppio dello scandalo degli abusi e l'emergere di probabili cause risarcitorie, tutte le opere precedentemente attribuite a Rupnik siano state comunicativamente reindirizzate al Centro Aletti, un cambiamento formale che maschera una sostanziale continuità, considerando che «il Centro Aletti è lui».

Basta fare un passo indietro a questa data ed effettuare una ricerca su fonti aperte. Si tratta di una operazione piuttosto facile, che non lascia adito a smentite. È Rupnik l'artista, il sole del suo sistema, e come tutti gli artisti importanti ha una squadra che lo supporta. E che cambia nel tempo. Cambiano, infatti, gli artisti, ma non Rupnik. L'opera è la sua, la committenza ha ragion d'essere perché l'opera è di Rupnik, lui realizza i disegni, lui coordina, lui dirige, perché lui è il capo. Il Centro Aletti è lui, appunto. Il grande maestro Marko Rupnik.

Volerlo adesso eclissare, per salvare gli affari, fa quasi tenerezza.

La complessità dell'organizzazione economica si arricchisce con la presenza della Marossoroblu, società costituita nel 2021 che richiama nel nome la Rossoroblu di cui è socio Rupnik. Questa impresa sociale, che si occupa anche della vendita di foulard e sciarpe in seta attraverso il sito della Lipa, ha registrato nel 2022, dopo appena un anno dalla costituzione, un utile di 116.361 euro.

Il famoso artista non poteva scegliere un nome più evocativo per la srl che gestisce le commissioni e i pagamenti dei suoi mosaici. Rosso, oro e blu sono i suoi colori: il rosso a indicare la divinità, il blu l'umano e il giallo la santità secondo la tradizione cristiana del primo millennio, come ha più volte spiegato lo stesso Rupnik. Sono il suo marchio di fabbrica, come i grandi occhi neri delle figure sacre, ritratte con le pupille dilatate a occupare tutta l'orbita.[8]

Per quanto riguarda i costi delle opere, le cifre sono impressionanti:

> Il lavoro al santuario di Padre Pio è costato ai frati minori cappuccini più di sei milioni di euro già dieci anni fa (il cantiere è stato aperto dal 2009 al 2013), secondo quanto riferisce una fonte interna al santuario. Si tratta di un percorso iconografico di oltre 2400 metri quadri, pensato per arricchire la chiesa costruita da Renzo Piano e che comprende il mosaico della rampa di accesso alla chiesa inferiore, gli arredi della cripta, il crocefisso, l'altare esterno e infine la decorazione della cappella del Santissimo Sacramento. Possiamo quindi soltanto immaginare quale cifra da capogiro richieda il progetto, tuttora in corso, al santuario nazionale dell'Aparecida, nello Stato di San Paolo in Brasile, la più grande chiesa del continente americano e la seconda al mondo dopo San Pietro in Vaticano. Qui Rupnik e la sua équipe hanno già terminato di decorare l'ingresso nord della basilica, 2300 metri quadri di mosaico con scene dall'Antico Testamento. Restano ora le altre tre facciate da ultimare.[9]

Quella del santuario nazionale dell'Aparecida è una questione particolarmente delicata, considerando il contesto sociale ed economico del Brasile: molti si chiedono se sia opportuno destinare risorse così ingenti a un'opera artistica, per quanto prestigiosa, in un Paese ancora segnato da profonde disuguaglianze sociali; altri sottolineano, invece, l'importanza di mantenere viva la tradizione dell'arte sacra attraverso interventi di grande respiro, capaci di dialogare con la contemporaneità. La domanda in cerca di risposta, non solo da parte nostra, è: quanto costa la realizzazione dei mosaici del santuario di Nostra Signora di Aparecida e da dove vengono i fondi per pagarli? Come vengono raccolti? Esiste una contabilità? Inoltre, tra chi è stato stipulato il contratto? Chi paga chi? Dove va a finire questo oceano di denaro? Viene tassato?

La gestione finanziaria di questo impero economico, infatti, presenta zone d'ombra significative, specialmente per quanto riguarda i contratti e i pagamenti tra committenti, fornitori e realizzatori delle opere. Il quartier generale di questa attività è il Centro Aletti a Roma, dove Rupnik risiede da anni, con sedi anche a Santa Severa e Loreto. Tre luoghi siti in Italia.

Intorno al Centro Aletti orbitano due fondazioni, la fondazione Centro Aletti e la fondazione Agape, che non risultano iscritte nel registro delle imprese e non presentano bilanci pubblici, ma pare che raccolgano donazioni private da fedeli di tutto il mondo per finanziare l'arte di Rupnik e del Centro. Esiste una fondazione del Centro Aletti anche in Slovenia, Ustanova Center Aletti,[10] che pare autonoma rispetto alla fondazione italiana e che lascia inevitabilmente pensare che in quello Stato il seguito delle attività di Rupnik sia significativo.

A dare una semplice occhiata al sito, è chiaro che il Centro Aletti goda di un importante sostegno economico anche per la Slovenia. Vi è indicato quello che è l'indirizzo della sede, che si trova a Rakek, a metà strada tra Ljubljana e Trieste, mentre la banca di riferimento, di cui è indicato l'iban, necessario per raccogliere le donazioni, si trova a Maribor, che è nel Nordest della Slovenia.

Inoltre, il sito riferisce che è possibile destinare una parte delle tasse per la loro missione, presumibilmente come avviene in Italia.

> Nonostante le grandi entrate e i profitti dei mosaici, il Centro Aletti ha ben due fondazioni che chiedono contributi per finanziarne le attività, la fondazione Agape a Roma e la fondazione Centro Aletti, fondata in Slovenia nel 2002 da Marina Štremfelj, un'altra ex sorella della Comunità Loyola. Secondo il sito web del Centro Aletti, la fondazione slovena è stata creata con lo scopo specifico di «sostenere e incoraggiare, anche finanziariamente», le attività dell'Aletti di Roma. Non è chiaro come pensasse di farlo, visto che i bilanci mostrano entrate basse e addirittura numeri in rosso da alcuni anni.[11]

È significativo notare come anche i bilanci della Rossoroblu srl mostrino cifre molto distanti dall'effettivo giro d'affari generato dalla realizzazione dei mosaici, suggerendo una possibile sottostima dei flussi finanziari reali di questa complessa rete di attività commerciali.

Una lavorazione complessa, faticosa e costosa

I materiali utilizzati nei mosaici rappresentano un elemento importante sia per la qualità artistica sia per l'impatto economico dell'operazione. Il materiale di base era il marmo, che Rupnik acquistava in grandi quantità sotto forma di lastre spesse dai due ai quattro centimetri, consegnate su pedane. Al Centro Aletti utilizzavano anche un tipo particolare di marmo chiamato «palladiana»: mattonelle quadrate di trenta centimetri per lato, con uno spessore di un centimetro, destinate in genere a pavimenti o pareti. Questo materiale aveva un costo superiore alle lastre di marmo tradizionali, sia per la complessa lavorazione necessaria a renderlo così sottile, sia per la lucidatura, che richiedeva un trattamento specifico da parte del marmista.

Gli smalti, che rappresentavano il materiale più pregiato e costoso, superando di gran lunga il prezzo del marmo, venivano acquistati principalmente da fornitori in Friuli. Un elemento fondamentale era anche la foglia d'oro, utilizzata in due diverse modalità: incorporata nel vetro, prodotto sempre dagli stessi fornitori, oppure in libretti di piccoli fogli. Un episodio significativo riguarda un viaggio in Slovenia con il gruppo di lavoro in diverse macchine, durante il quale fecero una tappa specifica per acquistare tessere di foglia d'oro sotto vetro da un artigiano che le produceva nel suo garage con la famiglia, uno dei principali fornitori dell'ex gesuita. Samuelle mi ha specificato che questo acquisto venne regolato in contanti.

Il processo di lavorazione, poi, comportava scarti significativi in diverse fasi. La prima perdita di materiale avveniva durante il taglio delle lastre di marmo o delle «pizze» di smalti (chiamate così per la loro forma circolare) nella cantina del Centro Aletti, dove una sega circolare raffreddata ad acqua causava una perdita di due o tre millimetri a ogni taglio. Poi si passava alla fase del taglio manuale con la martellina, eseguito individualmente dai collaboratori del Centro Aletti, che produceva una perdita minore ma generava molta polvere. L'ultima fase di scarto si verificava direttamente in cantiere, dove, lavorando su superfici di centinaia di metri quadri, era inevitabile che alcuni pezzi si rompessero durante la posa: poteva accadere che dopo avere collocato perfettamente dieci pezzi, l'undicesimo cadesse rovinandosi. Considerando tutte queste fasi, sebbene fosse complesso fare calcoli precisi, possiamo affermare che una parte non marginale di materiale andava perso.

Questa analisi dettagliata dei materiali e delle loro lavorazioni getta nuova luce sulla portata economica delle attività del Centro Aletti. La gestione di materiali così pregiati e costosi, unita alla necessità di mantenere scorte significative per progetti di grande scala, implicava una capacità di movimentazione finanziaria considerevole. I soli costi dei materiali – tra marmi pregiati, smalti e fogli d'oro – suggerisce l'esistenza di un giro d'affari molto più ampio di quanto emerga dai bilanci ufficiali. La qualità eccezionale dei materiali utilizzati, insieme alla complessità delle lavorazioni e all'entità degli scarti, rendeva necessaria una solidità finanziaria che andava ben oltre quella di un normale atelier artistico, sollevando ulteriori interrogativi sulla reale dimensione economica delle attività di Rupnik.

Inoltre, secondo quanto riportato dalle testimoni, che hanno prestato la loro opera al servizio di Rupnik nel suo atelier, il processo di realizzazione dei mosaici seguiva un percorso metodico e articolato, dove ogni fase si intrecciava con la successiva in un fluido movimento creativo. Tutto aveva inizio quando il committente presentava la sua richiesta a Rupnik, che elaborava un progetto iconografico dettagliato, scegliendo accuratamente le scene bibliche o le rappresentazioni dei santi da realizzare.

Con il programma iconografico definito, Rupnik si dedicava alla fase più intima del processo creativo: la realizzazione dei disegni preparatori. Nel suo atelier, sia quello del Centro Aletti in via Paolina a Roma, sia quello più ampio di Santa Severa, disponeva grandi fogli di carta su pareti verticali. Qui, affiancato da un'assistente, tracciava con il carboncino i contorni delle figure, delineando con precisione ogni dettaglio delle composizioni.

Il lavoro proseguiva nell'atelier con un'attenta suddivisione dei compiti. Ogni figura veniva scomposta nei suoi elementi essenziali: il volto, le mani, i piedi e le vesti. Questi dettagli venivano riprodotti su fogli di plastica e distribuiti tra gli artisti specializzati dell'atelier. Ciascuno, al proprio tavolo di lavoro, iniziava la paziente costruzione del mosaico, applicando il cemento su una rete in fibra di vetro e posizionando accuratamente le tessere. Era un lavoro minuzioso che richiedeva grande maestria e concentrazione.

Parallelamente, nell'atelier si avviava il lavoro di preparazione dei materiali per gli sfondi. Era un'attività fisicamente impegnativa che comprendeva il taglio delle tessere, la preparazione delle lastre di marmo e degli smalti. Tutto veniva organizzato metodicamente in pedane, mentre le figure completate venivano suddivise in sezioni e imballate in casse di legno su misura.

Quando tutto era pronto, materiali e opere partivano verso il cantiere di destinazione. La squadra di Rupnik si metteva in viaggio, spesso affrontando lunghi tragitti in automobile attraverso l'Europa. Erano viaggi che potevano durare più giorni, come nel caso del percorso Roma-Cracovia, con una sosta notturna in Slovenia.

Sul cantiere, il lavoro si trasformava in una coreografia ben orchestrata. Rupnik dirigeva il posizionamento delle figure sulle pareti, mentre gli artisti procedevano all'incollaggio dei pezzi preassemblati. Una volta completata questa fase, Rupnik tracciava personalmente con il carboncino le linee guida per gli sfondi e le parti astratte della composizione. Gli artisti della sua squadra seguivano queste indicazioni, realizzando il mosaico e applicando la foglia d'oro nelle zone designate. L'opera prendeva forma gradualmente, coprendo superfici che potevano estendersi per centinaia, talvolta migliaia di metri quadri.

Al termine dei lavori, iniziava la fase conclusiva. La squadra raccoglieva e organizzava i materiali residui, che sarebbero stati rispediti a Roma. Il viaggio di ritorno segnava la fine del cantiere, ma non del processo: quando le pedane con il materiale avanzato raggiungevano l'atelier di via Paolina, tutto doveva essere catalogato e sistemato con precisione, pronti per il prossimo progetto.

Si trattava di un processo che univa arte, tecnica e organizzazione, dove ogni dettaglio veniva curato con la stessa attenzione, dalla prima linea tracciata sul foglio all'ultima tessera posata sul muro. La creazione di un mosaico nell'atelier di

Rupnik non era solo un lavoro artistico, ma un vero e proprio viaggio creativo e lavorativo che coinvolgeva un'intera squadra di professionisti, posti tutti al suo servizio.

E anche la realizzazione dei mosaici seguiva una chiara gerarchia lavorativa: mentre Rupnik si occupava della direzione artistica, decidendo composizioni e tracciando i disegni preparatori, erano i suoi collaboratori a sostenere il peso del lavoro fisico più intenso. La fatica si manifestava in diversi momenti: nelle lunghe ore chini sui tavoli per comporre i mosaici, nel continuo sollevamento di materiali pesanti come marmi e smalti, nel taglio delle innumerevoli tessere. Particolarmente gravoso era il lavoro in cantiere, dove gli artisti dovevano operare sulle impalcature per ore, spesso in posizioni scomode, mentre applicavano le tessere e la foglia d'oro sulle pareti.

Rupnik supervisionava e dirigeva ogni fase, agendo anche in questo contesto la sua influenza e il suo dominio sul gruppo di lavoro, in cui erano presenti in maniera attiva le religiose. Come ripeteva sempre a Samuelle, per Rupnik l'esperienza sui cantieri era fondamentale per imparare l'arte, la sua metodologia, il suo modo di lavorare, la dinamica del gruppo di lavoro, e in quel contesto era molto sottile la linea di confine tra lo sfruttamento lavorativo per un tornaconto economico e la sottomissione psicologica che poi sfociava negli abusi.

È necessario allora analizzare approfonditamente se gli abusi fossero il fine ultimo o piuttosto uno strumento per consolidare ed espandere il potere (e, probabilmente, anche il patrimonio economico). Ma questi aspetti verranno approfonditi più avanti.

Ora preme evidenziare che è importante che questa vicenda non si riduca a essere semplicemente «il caso Rupnik», ma mantenga al centro dell'attenzione le donne che hanno subito abusi psicologici, spirituali e fisici dalle conseguenze devastanti. Sono loro le vere protagoniste di questa storia, non Rupnik né gli interessi economici del Centro Aletti.

Nel mio ruolo, continuo a sottolineare che questa vicenda non riguarda solo la storia di un singolo abusatore, ma rivela un sistema di protezione e omertà che ha permesso il perpetrarsi degli abusi, e che questi abusi sono stati di carattere psicologico, spirituale, sessuale e anche lavorativo. Gloria, Mirjam, Samuelle, Pia e Klara e le altre vittime meritano che le loro voci vengano ascoltate e la loro sofferenza riconosciuta.

E chissà, forse, un giorno, Maria potrebbe sentire queste voci e tornare nel mio studio, per tirare fuori il coraggio di chiedere giustizia anche per sé.

10

Storia e geografia degli abusi

Il fenomeno è globale

Gli abusi all'interno della Chiesa cattolica costituiscono un problema sistemico che attraversa continenti e generazioni. Se per decenni l'attenzione si è concentrata principalmente sulle violenze perpetrate contro i minori, oggi emerge in tutta la sua drammaticità un altro aspetto di questo fenomeno: gli abusi sulle religiose. Il caso di padre Marko Rupnik, come altri che andrò ad analizzare, rappresenta solo la punta dell'iceberg di una realtà ben più vasta e radicata, che intreccia violenze sessuali, abusi di potere e manipolazioni spirituali.

Dal punto di vista psicologico, l'abuso in contesti religiosi presenta caratteristiche peculiari. Il trauma è aggravato dal fatto che l'abusatore è percepito come un rappresentante di Dio, percezione che genera una profonda confusione spirituale e psicologica nella vittima. In questi contesti, l'abuso psicologico spesso include manipolazione spirituale, isolamento e *gaslighting*. Le vittime sono indotte a dubitare della propria percezione della realtà e a credere che opporsi agli abusi significhi andare contro la volontà di Dio.

Queste azioni si verificano con una similarità impressionante, che travalica confini, lingue e culture.

Avviene sempre tutto alla stessa maniera.

Il caso di suor Catherine Cesnik, risalente al 1969 ma tornato alla ribalta nel 2017, è una storia di omicidio irrisolto e abusi sistematici. Suor Catherine, un'insegnante di ventisei anni presso l'Archbishop Keough High School di Baltimora, scomparve il 7 novembre 1969. Il suo corpo fu ritrovato il 3 gennaio 1970, ma l'omicidio rimase un mistero per decenni. Negli anni Novanta, emersero nuovi inquietanti dettagli quando ex studentesse della scuola accusarono il cappellano, padre Joseph Maskell, di abusi sessuali. Una ex studentessa affermò che Maskell l'aveva portata a vedere il corpo di suor Catherine poco dopo l'omicidio, come un macabro avvertimento. Il caso ricevette nuova attenzione nel 2017 con il documentario Netflix *The Keepers*, che esplorava il possibile collegamento tra l'omicidio e gli abusi avvenuti nella scuola. Il documentario rivelò anche che la polizia all'epoca non aveva indagato a fondo su Maskell, che morì nel 2001 senza mai essere stato formalmente accusato. Anche se il caso di suor Catherine rimane tecnicamente irrisolto, ha portato alla luce un vasto schema di abusi istituzionali e insabbiamenti nella diocesi di Baltimora.

In Cile, il caso di suor Roxana Martínez emerse nel 2012, ma affondava le sue radici negli anni Sessanta. Suor Roxana, all'epoca una giovane novizia, denunciò di essere stata abusata sessualmente dal sacerdote Cristián Precht Bañados, una figura molto rispettata in Cile per il suo lavoro in difesa dei diritti umani durante la dittatura di Pinochet. Suor Roxana raccontò che Precht abusò di lei quando aveva vent'anni, durante sessioni di «direzione spirituale», e che gli abusi continuarono per diversi mesi. Quando cercò aiuto, le fu consigliato di pregare e dimenticare l'accaduto. La sua denuncia fu una delle tante contro Precht, e portò la Chiesa cilena ad avviare un'indagine interna nel 2012. Dopo anni di indagini e ulteriori accuse, nel 2018 papa Francesco rimosse Precht dallo stato clericale.

Ancora in Cile, il caso della Congregazione delle sorelle del Buon Samaritano ha dimostrato che i soprusi non erano limitati alle congregazioni maschili o alle situazioni in cui uomini abusavano di donne. Le vittime erano principalmente giovani suore o novizie, e gli abusi erano perpetrati anche da alcune suore in posizioni di leadership. Un'ex suora ha raccontato di essere stata costretta a lavorare come una schiava, di essere stata spiata, di non avere avuto accesso a adeguate cure mediche, e di essere stata persino messa in isolamento, fino a cadere in una grave forma di depressione. Ha inoltre rivelato:

> Sono stata abusata anche sessualmente da una suora in Spagna, anch'essa di nazionalità cilena: era la mia superiora. L'abuso fu reiterato e, anche se tutti sapevano di questa situazione, nessuno mosse un dito. Mi hanno fatto sentire colpevole di quello che mi stava accadendo.[1]

In Messico, la storia dei Legionari di Cristo ha rivelato uno dei casi più scioccanti di abusi all'interno della Chiesa cattolica. Fondata nel 1941 da Marcial Maciel Degollado, questa congregazione è cresciuta fino a diventare una delle più influenti e ricche organizzazioni religiose al mondo. Maciel, scomparso nel 2008 all'età di ottantasette anni, era venerato come un leader carismatico e visionario, ma dietro questa facciata di santità si celava una realtà di abusi sistematici e prolungati.

Le rivelazioni sugli abusi di Maciel, emerse pienamente solo dopo la sua morte, hanno dipinto un quadro agghiacciante: abusi sessuali su decine di seminaristi e giovani sacerdoti, uso di droghe, relazioni segrete con diverse donne e, in un'escalation di orrore, abusi perpetrati sui suoi stessi figli.[2]

L'influenza di Maciel si estendeva ben oltre i confini del Messico. In Paesi come Spagna, Irlanda, Italia, Stati Uniti e in varie nazioni dell'Europa e del Sud America, Maciel proiettava un'aura di santità che gli permetteva di reclutare numerosi giovani per la sua «Crociata di Cristo Re». Questa missione apparentemente nobile facilitava la raccolta di ingenti somme di denaro, provenienti sia da benefattori facoltosi sia da fedeli di umili condizioni, tutti convinti di contribuire a una causa santa. La capacità di Maciel di ingannare e manipolare raggiunse livelli tali che persino papa Giovanni Paolo II lo definì un «grande esempio per la gioventù».[3]

Le indagini condotte dopo la sua morte hanno rivelato non solo gli abusi, ma anche la sofisticata rete di menzogne e manipolazioni che Maciel aveva intessuto per decenni. La sua abilità nel presentarsi come un santo vivente, mentre conduceva una vita di depravazione e abusi, mette in luce la pericolosità del carisma quando viene utilizzato per fini maligni, quello che io definisco il carisma «cattivo».

Dal 2021 i Legionari di Cristo hanno pubblicato una relazione annuale intitolata *Fare verità, fare giustizia, sanare*, che rappresenta un importante passo nel percorso di rinnovamento iniziato dieci anni prima. Il documento illustra dettagliatamente le azioni intraprese per assistere le vittime di abusi sessuali e sviluppare ambienti sicuri all'interno della congregazione.

Le statistiche aggiornate al 2021 hanno rivelato una realtà drammatica: circa centosettanta vittime, in maggioranza ragazzi tra gli undici e i sedici anni, hanno subito abusi da parte di ventisette sacerdoti. Questa cifra rappresenta il 2 per cento dei 1380 sacerdoti ordinati nella storia della congregazione. Il caso più grave e scioccante, ovviamente, riguarda il fondatore stesso, padre Marcial Maciel Degollado, che è stato riconosciuto responsabile di sessanta abusi, arrivando persino a violentare i suoi stessi figli naturali.

Per quanto riguarda l'Italia, la relazione conferma i casi già noti che hanno coinvolto, oltre a Maciel, il sacerdote messicano Vladimir Reséndiz Gutiérrez. La prima accusa contro quest'ultimo, ordinato nel 2006, fu presentata nel 2011 per abusi commessi tra il 2006 e il 2008 nel seminario minore di Gozzano, in provincia di Novara. Reséndiz Gutiérrez venne immediatamente sospeso dal ministero e successivamente dimesso dallo stato clericale nell'aprile 2013.

Sul fronte della giustizia civile, dei ventisette sacerdoti riconosciuti colpevoli, tre sono morti prima di potere essere processati e due sono stati condannati penalmente. Gli altri non hanno subito processi per varie ragioni, tra cui le diverse legislazioni nazionali e la prescrizione dei reati. A livello canonico, la situazione si presenta più articolata: due sacerdoti sono morti prima del giudizio, sedici hanno ricevuto sanzioni, otto sono attualmente sotto processo e uno ha ottenuto la dispensa dal ministero senza processo. Inoltre, è stata avanzata richiesta alla Santa Sede di rimuovere la prescrizione per otto casi.

L'indagine ha anche fatto luce sui casi di abusi commessi durante il periodo di formazione. Dei settantaquattro legionari che, secondo la *Relazione 1941-2019*, sarebbero stati responsabili di abusi come novizi o religiosi in formazione, sessanta (81,8 per cento) non sono mai arrivati all'ordinazione sacerdotale. Ulteriori studi condotti nel 2020 hanno portato a una revisione dei quattordici casi di coloro che invece sono diventati sacerdoti: in un caso, dopo la morte del sacerdote, la presunta vittima ha chiarito che non si era trattato di abuso sessuale; tre episodi sono stati riclassificati come violazioni dei limiti, ma non come violenze; tre casi sono ancora sotto indagine; sette casi sono stati confermati. Di questi abusatori, uno è deceduto, due non possono esercitare il ministero pubblico, uno non è più sotto la giurisdizione della congregazione e tre hanno abbandonato il sacerdozio.

Per fornire supporto alle vittime, la congregazione ha stabilito una collaborazione permanente con Eshmá, un'istituzione indipendente fondata da vittime di abusi, terapeuti, assistenti sociali e giuristi. Questa organizzazione offre un punto di accoglienza e ascolto continuativo, accompagnamento terapeutico, un canale sicuro per le denunce, assistenza legale e sociale, oltre a facilitare dialoghi riparatori finalizzati al raggiungimento di verità e giustizia.

Le priorità stabilite per il 2021 includono il rafforzamento degli «ambienti sicuri», sviluppati secondo gli standard internazionali dell'agenzia Praesidium, il potenziamento dell'assistenza professionale alle vittime, l'implementazione di un programma di risarcimenti e l'indagine su eventuali casi di insabbiamento.

I Legionari di Cristo sono parte integrante della Federazione regnum Christi, che comprende anche consacrate, consacrati e membri laici. Gli statuti della Federazione sono entrati in vigore il 15 settembre 2019, concludendo un processo di rinnovamento iniziato nel 2010 sotto la guida del cardinale Velasio De Paolis, nominato delegato pontificio da Benedetto XVI. Attualmente, la congregazione è guidata dal direttore generale padre John Connor.

Nel 2009, il caso di suor Jesme in Kerala, India, scosse profondamente la comunità cattolica locale. Dopo trentatré anni di vita religiosa, la suora, il cui vero nome era Sister Mary, abbandonò l'ordine delle Suore di Maria Immacolata nel 2008. L'anno successivo pubblicò la sua autobiografia intitolata *Amen: The Autobiography of a Nun*, nella quale descrisse una serie di abusi subiti durante il suo periodo come religiosa. Suor Jesme raccontò di essere stata costretta a rapporti omosessuali con altre suore e di un episodio in cui un prete la obbligò a spogliarsi davanti a lui. Denunciò inoltre la corruzione finanziaria all'interno della Chiesa e parlò apertamente della depressione e dei pensieri suicidi causati dagli abusi subiti. Le sue rivelazioni scatenarono un acceso dibattito in India sul trattamento delle suore, con la Chiesa in Kerala che negò le accuse, insinuando che la religiosa soffrisse di problemi psicologici. Nonostante le critiche, suor Jesme continuò a parlare pubblicamente delle sue esperienze.

Nel 2018, un altro caso di abusi sessuali turbò profondamente la comunità cattolica indiana, quando una suora della congregazione delle Missionarie di Gesù in Kerala mosse gravi accuse contro il vescovo Franco Mulakkal. La religiosa dichiarò che Mulakkal l'aveva ripetutamente violentata tra il 2014 e il 2016, durante le sue visite al convento. Le accuse non si limitavano agli abusi sessuali, ma includevano anche l'abuso della sua posizione di potere, rilevando una dinamica di controllo e sottomissione all'interno della gerarchia ecclesiastica.

Monsignor Mulakkal respinse con fermezza tutte le accuse, definendole infondate e infamanti. La sua difesa si basava sull'affermazione che la suora avesse orchestrato una vendetta personale in seguito alla sua rimozione dalla guida della congregazione. Questa contrapposizione di versioni creò una situazione di grande tensione e divisione all'interno della comunità religiosa.

La vicenda si complicò ulteriormente quando la suora rivelò di avere subito pressioni per ritirare la denuncia e di essere stata oggetto di intimidazioni. Il clima di paura e minaccia si estese allora anche ad altre religiose che avevano scelto di sostenerla nella sua battaglia per la giustizia. Alcune di queste suore riferirono di avere addirittura ricevuto minacce di morte.

Il processo che ne seguì fu caratterizzato da complessità e controversie. Uno degli aspetti più problematici fu la scarsa partecipazione dei testimoni: su ottantaquattro persone chiamate a testimoniare, se ne presentarono in tribunale solo trentanove. E nonostante la gravità delle accuse e le testimonianze raccolte, il processo si concluse con l'assoluzione di monsignor Mulakkal. La decisione del tribunale ha lasciato un senso di insoddisfazione e perplessità in molti, che hanno visto in questa vicenda un esempio delle sfide complicate che le vittime di abusi devono affrontare nel cercare giustizia.

Ci sono poi altri casi di abusi su suore che risalgono anche all'inizio del XX secolo, sebbene le informazioni su questi siano spesso meno dettagliate e verificabili rispetto a quelli più recenti.

Già durante la Guerra civile spagnola (1936-1939), emersero resoconti di abusi su suore. Sebbene questi casi siano meno documentati e spesso oscurati dalle più ampie violenze del periodo, ci furono segnalazioni di suore vittime di violenze da parte di entrambe le fazioni. Alcune suore furono prese di mira da gruppi anticlericali, mentre in altri casi ci furono accuse di abusi all'interno delle stesse istituzioni religiose che dovevano proteggerle. La natura del conflitto e la successiva dittatura di Franco resero difficile un'indagine approfondita su questi eventi, lasciando molte storie non raccontate e molte opacità su quelle raccontate.

Il caso delle Suore del Buon Pastore, in Irlanda, rappresenta uno dei capitoli più oscuri nella storia degli abusi istituzionali del Paese. Emerso negli anni Novanta, ma riguardante un periodo che va dagli anni Venti ai Settanta, questo caso mise in luce un sistema di abusi fisici e psicologici diffusi negli istituti gestiti dall'ordine. Le cosiddette «lavanderie Magdalene», gestite dalle suore, divennero tristemente famose come luoghi di lavoro forzato e maltrattamenti. Giovani donne e ragazze, spesso affidate alle suore per essere «rieducate», si trovarono intrappolate in un sistema che le privava dei diritti fondamentali e della dignità. Le vittime raccontarono di punizioni corporali, isolamento forzato e umiliazioni costanti. Il caso provocò uno scandalo nazionale in Irlanda, portando a indagini governative e richieste di risarcimento per le sopravvissute.

Il caso italiano di suor Maria Giuseppina Norcia offre un raro sguardo sulle dinamiche interne dei conventi degli anni Cinquanta. Suor Norcia denunciò abusi e corruzione all'interno del suo convento a Roma, un atto di coraggio, considerando il clima di segretezza e obbedienza che caratterizzava la vita religiosa del tempo. Le sue accuse portarono a un'indagine vaticana, un fatto insolito per l'epoca. Sebbene i dettagli completi del caso rimangano oscuri, la vicenda di suor Norcia mise in luce le sfide affrontate dalle suore che cercavano di avere voce contro gli abusi all'interno delle loro comunità, in un'epoca in cui tali denunce erano spesso scoraggiate o ignorate.

Infine, sempre in Italia, il caso di suor Germana Sommaruga, emerso negli anni Novanta ma riferito a fatti degli anni Sessanta, è emblematico. Suor Sommaruga denunciò di avere subito, per diversi anni, abusi sessuali da parte del suo confessore. Quando cercò aiuto presso i suoi superiori, fu trasferita in un altro convento e le fu imposto il silenzio. La sua storia, come abbiamo detto, emerse solo decenni dopo, quando la suora si decise a parlarne pubblicamente.

Nessun ordine è immune

Ma torniamo dentro ai «nostri» confini, per raccontare la vicenda di una giovane donna (che chiamerò Lucia), entrata alcuni anni fa poco più che maggiorenne in un ordine religioso molto importante, di cui non mi ha autorizzato a fare il nome perché teme di essere riconosciuta. La sua vicenda rivela un inquietante quadro di abusi e manipolazioni all'interno dell'ordine. Il suo percorso, iniziato con sincera vocazione, si è presto scontrato con un ambiente caratterizzato da un clima esasperatamente anaffettivo e da pressioni psicologiche che hanno portato lei e le sue consorelle a rivolgersi a uno psicoterapeuta interno all'ordine.

L'uso di psicofarmaci prescritti dal medico dell'ordine religioso solleva seri interrogativi sulla gestione delle difficoltà emotive delle sorelle, nonché su un ricorso, che appare spregiudicato, di psicofarmaci. La famiglia di Lucia, inizialmente inconsapevole della gravità della situazione, rendendosi conto del cambiamento della ragazza, spinse la giovane a confrontarsi con i suoi superiori, ottenendo, invece che tutela, spostamenti in altri centri per interrompere la convivenza con persone che esercitavano pressioni insopportabili su di lei.

Emerse infatti un quadro di manipolazione sistematica all'interno dell'ordine. Le relazioni di amicizia e confidenza erano vietate, l'unico canale affettivo consentito era un colloquio settimanale unilaterale con un sacerdote, condotto in un confessionale con grata completamente oscurata. Le superiori, il cui ruolo doveva essere limitato alla gestione delle attività spirituali, interferivano impropriamente nelle questioni personali delle sorelle, come nel caso del divieto imposto a Lucia di proseguire gli studi che aveva intrapreso.

La figura centrale in questa vicenda è quella di un sacerdote che ricopriva il ruolo di direttore spirituale. Questo sacerdote aveva sviluppato una propria dottrina con insegnamenti specifici che veniva usata per giustificare comportamenti abusanti sulle donne. Questa dottrina, presentata come un mezzo per liberare le ragazze da tensioni derivanti da pudore eccessivo e problemi relazionali, si è rivelata essere un pretesto per perpetrare abusi.

Il direttore spirituale invitava le sorelle presso una sua abitazione e chiedeva loro di spogliarsi completamente. Gli incontri di «cura e guarigione», che erano dei veri e propri abusi fisici, sono proseguiti indisturbati per anni, coinvolgendo un numero assai significativo di sorelle. Nonostante alcune segnalazioni giunte ai vertici dell'ordine, l'attività del sacerdote fu inizialmente protetta.

Solo di recente, in seguito alle denunce di alcune sorelle, è stata istituita un'indagine interna con l'intento di verificare cosa stesse effettivamente accadendo. Questa prima indagine ha portato a delle conferme, seppure minimizzate nei contenuti e nella portata degli abusi. Il sacerdote abusatore è stato allontanato ed è stato sospeso momentaneamente dal suo ruolo, ma non è stata avviata alcuna indagine interna per accertare l'entità complessiva degli abusi, né sono state intraprese azioni di sostegno per le vittime.

La vicenda ha coinvolto diverse figure di rilievo all'interno dell'ordine, creando anche una serie di interrogativi sulla effettiva volontà di fare chiarezza.

Alcune delle ragazze coinvolte hanno abbandonato l'ordine, mentre altre sono rimaste, continuando a essere sottoposte a una cura psichiatrica.

La risposta dell'ordine a questa crisi è stata caratterizzata da reticenze e tentativi di minimizzazione. Infatti, nonostante la promessa di avviare ulteriori indagini, le azioni concrete di sostegno alle vittime e di riforma interna dell'organizzazione sembrano ancora insufficienti.

La questione francese

In Francia si sono succeduti, e a volte contrapposti, più casi, che hanno creato enorme imbarazzo nella comunità cattolica francese ma anche una reazione, rara in questi contesti, che ha portato a risultati positivi, come indagini accurate e risarcimenti nei confronti delle vittime. Ma andiamo per ordine.

L'organizzazione religiosa L'Arche, che accoglie in tutto il mondo persone con disabilità intellettive e per decenni considerata un faro di speranza e compassione, ha visto la sua reputazione profondamente scossa. Fondata nel 1964 da

Jean Vanier in Francia, l'organizzazione sembrava incarnare il meglio della fede cristiana messa in pratica. Vanier stesso era venerato come un santo vivente, la cui opera aveva ispirato migliaia di persone in tutto il mondo.

Tuttavia, nel febbraio 2020, un'indagine indipendente commissionata dall'Arche International ha rivelato una verità sconvolgente: Jean Vanier, insieme al suo mentore spirituale, padre Thomas Philippe, aveva perpetrato abusi sessuali e psicologici su almeno venticinque donne nell'arco di diversi decenni, dal 1952 al 2019.

L'indagine era stata affidata a una società esterna, l'organizzazione britannica Gcps Consulting, specializzata nella prevenzione degli abusi, che si è basata anche su un precedente lavoro di alcuni storici che hanno fatto diverse ricerche all'interno degli archivi dei domenicani.

«Nel corso di questa indagine» si legge nel comunicato pubblicato dall'Arche «sono state ricevute testimonianze sincere e concordanti relative al periodo 1970-2005 da sei donne adulte non disabili, che indicano che Jean Vanier ebbe rapporti sessuali con loro, generalmente nell'ambito di un accompagnamento spirituale.»

Di nuovo l'abuso mascherato da cammino verso Dio.

Come in altri casi di abuso, Vanier aveva sfruttato il suo carisma e la sua autorità spirituale per manipolare e abusare di donne vulnerabili. Le vittime, molte delle quali erano suore o donne in cerca di guida spirituale, venivano persuase che gli atti sessuali facevano parte di una «pratica spirituale speciale» o erano espressioni dell'«amore di Dio».

Il *modus operandi* di Vanier e Philippe presentava inquietanti similarità con altri casi di abuso: l'uso del carisma personale, le giustificazioni teologiche distorte, lo sfruttamento della vulnerabilità, la segretezza e l'isolamento. L'impatto sulle vittime è stato devastante, causando crisi di fede, traumi psicologici, isolamento sociale, sensi di colpa e vergogna.

La cultura del silenzio, quel muro invisibile ma impenetrabile che proteggeva gli abusatori e soffocava le vittime, era sostenuta dalla reputazione dell'istituzione, dall'isolamento delle vittime, dalla paura delle conseguenze e dalla manipolazione spirituale.

Ma la risposta dell'Arche allo scandalo si è distinta, per certi versi, da quella vista in altri casi. È stata l'organizzazione stessa a commissionare un'indagine indipendente, rendendone pubblici i risultati, nonostante ciò significasse danneggiare la reputazione del suo fondatore; ha riconosciuto pubblicamente e condannato gli abusi di Vanier, esprimendo solidarietà alle vittime; ha inoltre avviato un processo di revisione delle sue strutture di *governance* e delle sue pratiche per prevenire futuri abusi.

Purtroppo questo modo di operare e di provare a porre rimedio ai danni causati alle vittime ha carattere di eccezionalità.

E a questo proposito, non posso non fare riferimento al rapporto monumentale di parecchie centinaia di pagine sulla Comunità di San Giovanni, reso pubblico in Francia il 27 giugno 2023 e che ha gettato nuova luce sulla drammatica estensione degli abusi perpetrati dal suo fondatore, Marie-Dominique Philippe – fratello naturale di Thomas Philippe – e da numerosi altri membri della comunità. Le indagini, frutto di una collaborazione inedita tra esperti esterni e membri interni della congregazione, hanno rivelato numeri importanti: settantadue predatori identificati su un totale di 871 fratelli, con 167 vittime accertate, in maggioranza donne. La figura di Marie-Dominique Philippe emerge in tutta la sua contraddittorietà: ventiquattro vittime confermate e, fatto emblematico della sua doppia vita, la gestione simultanea di quattro relazioni con diverse donne durante gli anni Ottanta, mentre guidava la comunità presentandosi come maestro spirituale.

Altro caso di peso è il recente scandalo che ha coinvolto l'Abbé Pierre, figura emblematica della carità, e scosso profondamente l'opinione pubblica e le istituzioni legate al suo nome. Le rivelazioni di abusi sessuali commessi dal sacerdote si aggiungono alla lunga lista di scandali che hanno colpito la Chiesa cattolica francese, sollevando interrogativi non solo sulla condotta individuale, ma anche sulla complicità istituzionale nel nascondere tali abusi.

Henri Grouès, meglio conosciuto come Abbé Pierre, nacque nel 1912 e votò la sua vita all'aiuto dei poveri e dei senzatetto. Dopo un breve periodo in politica nel dopoguerra, dove si distinse per la proposta di legge sull'obiezione di coscienza, Grouès si dedicò completamente alla sua missione caritativa. Nel 1949 fondò Emmaus, inizialmente una comunità di accoglienza giovanile nei pressi di Parigi, che si trasformò presto in un'organizzazione per l'assistenza dei poveri e dei senzatetto. La notorietà di Emmaus crebbe rapidamente, soprattutto dopo un accorato appello radiofonico dell'Abbé Pierre risalente al 1954, che lo consacrò come figura di spicco della carità. Nel corso degli anni, l'Abbé Pierre divenne una celebrità, conosciuta anche a livello internazionale. Viaggiò, organizzò raccolte fondi, incontrò politici e personalità di tutto il mondo, espandendo Emmaus oltre i confini francesi. Nel 1987, fondò la Fondation Abbé-Pierre, con l'obiettivo di garantire a tutti un alloggio decente e di combattere l'esclusione sociale.

Dal 1988, per diciassette anni consecutivi è stato eletto «personalità preferita dai francesi», diventando un'icona nazionale di bontà e impegno sociale. Morto il 22 gennaio 2007 all'età di novantaquattro anni, l'Abbé Pierre ha lasciato dietro di sé un'eredità apparentemente intoccabile di dedizione e sacrificio. Tuttavia, il 17 luglio 2024, Emmaus International ha pubblicato un rapporto che ha travolto l'opinione pubblica. Il documento, frutto di un'inchiesta condotta dall'ufficio di esperti Egaé, conteneva sette testimonianze di aggressioni e abusi sessuali commessi dall'Abbé Pierre tra gli anni Cinquanta e il 2005 (quando il sacerdote aveva novantadue anni). Le accuse, gravissime, includono atti sessuali di penetrazione, contatti sessuali con una bambina, episodi di esibizionismo e masturbazione forzata, oltre a molestie su minori di età compresa tra gli otto e i quindici anni. Il 7 settembre 2024, un secondo rapporto commissionato dalla Fondation Abbé Pierre ha rivelato altre diciassette testimonianze di abusi, confermando una modalità di comportamento predatorio che si è protratto per decenni. Infine, il 13 gennaio 2025, c'è stato un terzo rapporto che riporta nove testimonianze, di cui uno stupro su un ragazzo minore di nove anni, e altre fatte da persone terze, che conoscevano le vicende di ulteriori vittime.

Sia Emmaus International sia la Fondation Abbé Pierre hanno espresso profondo rammarico per quanto emerso, dichiarandosi sconvolti dalla gravità dei fatti. La Fondation ha già cambiato nome, mentre Emmaus International voterà a dicembre per rimuovere il nome del fondatore dal proprio logo. Numerosi comuni francesi stanno valutando se rimuovere il nome dell'Abbé Pierre da vie, piazze e luoghi pubblici a lui dedicati, in un processo di «de-commemorazione» che riflette il profondo shock dell'opinione pubblica.

Uno degli aspetti più inquietanti di questa vicenda è l'emergere di prove che suggeriscono come la Chiesa cattolica, sia in Francia sia in Vaticano, fosse a conoscenza del comportamento dell'Abbé Pierre da decenni. Documenti d'archivio rivelano che già negli anni Cinquanta diversi ecclesiastici erano consapevoli delle sue condotte inappropriate. Papa Francesco stesso ha dichiarato al quotidiano «Le Monde»: «Non so quando il Vaticano ne sia venuto a conoscenza; non lo so. Non lo so perché non ero qui, e non mi è mai venuto in mente di indagare su questo, ma certamente dopo la sua morte è diventato noto, ma prima, non lo so».[4]

Il caso dell'Abbé Pierre solleva questioni profonde non solo sulla condotta individuale di figure pubbliche apparentemente intoccabili, ma anche sulla complicità istituzionale nel nascondere abusi. La rapidità con cui un'icona nazionale di bontà può trasformarsi in un «mostro» agli occhi dell'opinione pubblica è un monito sulla complessità della natura umana e sui pericoli dell'idolatria, anche quando rivolta a figure apparentemente dedite al bene.

Nel 2005, l'Abbé Pierre aveva rivelato nel libro-intervista *Mon Dieu, pourquoi?* di avere infranto il voto di castità, definendo l'accaduto «un incidente passeggero». A quanto pare, non era esattamente andata così.

Intanto, il 14 gennaio 2025, il presidente della Conferenza episcopale francese, monsignor Éric de Moulins-Beaufort, ha presentato una denuncia alla procura della Repubblica di Parigi sulla vicenda dell'Abbé Pierre, nella speranza di permettere ad altre vittime di essere ascoltate.

Nello stesso momento, sempre d'oltralpe, arriva la notizia che le Fraternità monastiche di Gerusalemme hanno riconosciuto pubblicamente la veridicità delle accuse di violenze sessuali compiute dal loro fondatore Pierre-Marie Delfieux, deceduto nel 2013. È fondamentale sottolineare un aspetto: le Fraternità monastiche di Gerusalemme sono composte da due comunità distinte, una maschile e una femminile. In questa dolorosa vicenda, solo la comunità maschile, i frati, ha riconosciuto pubblicamente i fatti e le proprie responsabilità. La comunità femminile, al contrario, ha mantenuto un silenzio che appare tanto più significativo quanto più assordante.

Le prime accuse nei suoi confronti erano contenute in un libro di Anne Mardon pubblicato nel 2019, *Quand l'Église détruit* («Quando la Chiesa distrugge»), in cui racconta il suo lungo calvario all'interno delle Fraternità monastiche e ne coinvolge direttamente il fondatore, sia per diversi abusi di carattere sessuale (riconosciuti però dai frati solo per la vicenda di Anne Mardon) sia di tipo psicologico e spirituali:

> Questa testimonianza è di una donna che, avendo incontrato Dio a vent'anni, si è trovata coinvolta in una lotta contro un'istituzione ecclesiastica che la trascinava su strade che non voleva percorrere. Dopo un battesimo condotto rapidamente e una relazione intima con un religioso, la vita all'interno delle Fraternità monastiche di Gerusalemme si trasformerà in una discesa agli inferi. [...] Il ritorno alla vita civile sarà anch'esso una dura prova, ma permetterà la riconquista di una libertà mai persa di vista.[5]

Impossibile non tornare alla storia di suor Samuelle, che in quella stessa Fraternità aveva iniziato il suo percorso spirituale: era lì che la superiora generale l'aveva accusata di intrattenere relazioni troppo strette con altre consorelle, insinuando possibili attrazioni omosessuali, un tema considerato tabù nella comunità. Le frequenti ammonizioni a mantenere le distanze dalle altre suore avevano contribuito ad alimentare il suo crescente disagio psicologico, culminato in episodi di autolesionismo che si manifestavano attraverso ustioni autoindotte alle braccia. Di fronte a quei segnali di sofferenza, la congregazione aveva risposto inviandola da uno psicologo che collaborava con un esorcista, mettendo in luce un approccio discutibile nei confronti del suo malessere e lasciandole addosso gravi traumi e ferite mai sanate:

> Mi sono sentita abitata dal diavolo e che portavo qualcosa di male dentro di me. In questo periodo di grande confusione e sofferenza, ho persino contemplato il suicidio, arrivando due volte a mettermi sul davanzale della finestra al quarto piano.

Il caso di Pierre-Marie Delfieux ha scosso il mondo cattolico, rivelando un intreccio complesso di abusi psicologici, spirituali e, in un caso conosciuto, sessuali. Le testimonianze emerse dipingono un quadro inquietante di manipolazione e controllo, in cui la devozione religiosa veniva strumentalizzata per esercitare un dominio totale sulle vite delle giovani reclute.

Le vittime hanno raccontato pubblicamente di un sistema di isolamento e controllo pervasivo, dove ogni aspetto della loro esistenza veniva scrutato e giudicato. Delfieux, sfruttando il suo carisma e la sua posizione di autorità spirituale, aveva creato un ambiente in cui il dissenso era visto come una mancanza di fede, e la sottomissione totale come l'unica via per la santità. Molte ex suore, così come Samuelle, hanno descritto un senso di smarrimento e annullamento del sé, dove la propria volontà veniva sistematicamente erosa in nome di una presunta obbedienza a Dio.

Particolarmente devastanti sono i racconti di abusi spirituali. Delfieux avrebbe utilizzato concetti spirituali distorti per giustificare comportamenti abusanti, creando una sorta di spiritualità personalizzata che serviva solo a rafforzare il suo potere. Le accuse di abusi sessuali di Anne Mardon aggiungono un ulteriore livello di gravità al caso.

La reazione del Vaticano a queste accuse è stata, come spesso accade in casi simili, graduale e cauta. Nel marzo 2021, il dicastero per la Vita Consacrata ha disposto una visita apostolica presso le Fraternità monastiche di Gerusalemme. In seguito al rapporto dei visitatori, questi stessi sono stati nominati «assistenti apostolici» per supervisionare entrambe le congregazioni – maschile e femminile – limitandone l'autonomia di governo. Le comunità, tuttavia, presentano pubblicamente questo intervento come un positivo processo di riforma, benedetto dalla Chiesa madre, evitando ogni riferimento alle vicende che lo hanno reso necessario.

La vicenda di Anne Mardon emerge come unica eccezione in questo scenario: solo grazie alla sua tenace battaglia pluriennale e al ricorso alla commissione indipendente della Corref (Conferenza dei religiosi e delle religiose di Francia), ha ottenuto riconoscimento e risarcimento. Al di là del suo caso, non risultano altre misure disciplinari né iniziative concrete di sostegno alle vittime. Se esistono altri accordi riparatori, questi rimangono coperti da riservatezza, mentre la congregazione continua a concentrarsi principalmente sulla ricostruzione della propria immagine pubblica.

Infine ricordiamo don Bruno Thévenin della diocesi di Bayeux-Lisieux in Normandia, trovatosi al centro di una grave vicenda che ha portato alla sua scomunica e alla dimissione dallo stato clericale.

Thévenin fondò nel 1975 l'opera Mission Thérésienne (soppressa poi dal vescovo nel 2022): legata alla figura di santa Teresa di Lisieux, si è estesa in più di venti Paesi, tra cui Belgio, Italia, Polonia e Stati Uniti. Thévenin aveva scelto di vivere a Parigi anziché nella sua diocesi di appartenenza. Durante questo periodo, protrattosi per circa dieci anni, secondo le accuse si è reso responsabile di abusi su donne adulte, giustificando le sue azioni con presunte motivazioni spirituali e coinvolgendo in modo sacrilego oggetti sacri: teneva l'ostia dentro una piccola custodia (una scatola tonda e piatta, che serve a portare la comunione ai malati) con cui toccava il sesso delle donne, come rituale per purificare.

La vicenda è emersa recentemente, portando il vescovo, monsignor Jacques Habert, a prendere severe misure disciplinari dopo una procedura penale extragiudiziaria richiesta dal Ddf. La risposta di Thévenin, ormai quasi ottantenne, è stata di totale negazione, arrivando a denunciare per calunnia le sue accusatrici.

Attorno al sacerdote si è formato un gruppo di fedeli sostenitori che lo dipingono come vittima di un complotto, orchestrato dal vescovo e da «donne pazze». Fino a poco tempo fa, Thévenin aveva una relazione con una donna, deceduta nel 2023, che fungeva da sua segretaria. Ora, rientrato nella sua diocesi d'origine in Normandia, continua a respingere ogni accusa, mentre le sue vittime vivono nell'ombra, segnate da traumi profondi e dal timore di esporsi pubblicamente per le possibili conseguenze legali.

Ma riguardo a quella che io definisco la «questione francese», va anche detto che la Corref ha deciso di creare una commissione indipendente per il riconoscimento e la riparazione delle presunte violenze sessuali commesse da membri degli istituti religiosi. Assumendosi quindi la piena responsabilità morale e istituzionale, gli istituti religiosi hanno voluto intraprendere il cammino della giustizia riparativa.

La lettera di missione della presidente della Corref, Véronique Margron, al presidente della Crr (Commissione di riconoscimento e riparazione), Antoine Garapon, assegna tre obiettivi principali alla Commissione:

1. Ascolto e riconoscimento delle vittime di abusi.
2. Riparazione del dolore subito dalle vittime.
3. Ricerca delle cause dei fallimenti e delle cecità che hanno permesso il perpetrarsi degli abusi sessuali, al fine di stabilire una migliore prevenzione degli abusi e offrire un sostegno appropriato alle vittime da parte degli istituti religiosi.

La Commissione intende ricevere ed esaminare le richieste di qualsiasi individuo – al momento dei fatti minorenne o in «in situazione di vulnerabilità» – che sia vittima di violenza sessuale (prescritta o meno) commessa da una persona religiosa appartenente a un'entità canonica della Francia, membro della Conferenza dei religiosi e delle religiose di Francia o aderente. Poi hanno aperto anche a maggiorenni, quindi vittime adulte.

È importante sottolineare un limite fondamentale di questo sistema: il suo funzionamento dipende interamente dalla volontà della congregazione di appartenenza dell'abusatore di aderire alla Crr. E poiché l'adesione è puramente facoltativa, alcune congregazioni scelgono di non assumersi alcuna responsabilità, specialmente nei casi di abusatori deceduti, eludendo completamente il loro dovere morale verso le vittime. In assenza di meccanismi legali vincolanti, queste congregazioni possono continuare a ignorare le richieste di giustizia e riparazione, lasciando le vittime prive di ogni forma di riconoscimento o compensazione.

Per la Commissione, la situazione di vulnerabilità al momento dei fatti è intesa in senso ampio. Tiene conto non solo della malattia, dell'infermità fisica o mentale della persona adulta interessata, ma anche della sua situazione di vulnerabilità e dipendenza nei confronti di una persona religiosa.

Alla fine di ottobre 2022, più di cinquecento persone hanno richiesto riconoscimento e riparazione alla Crr.

Il caso delle Fraternità monastiche di Gerusalemme rappresenta solo uno dei numerosi esempi emersi in Francia, dove altre congregazioni hanno registrato un numero anche maggiore di vittime di abusi sessuali. Tuttavia, questo caso è particolarmente emblematico per comprendere le dinamiche di abuso all'interno delle comunità religiose: qui troviamo non solo un fondatore che si rivela abusatore, ma un intero sistema comunitario che, accecato dall'ammirazione e dalla devozione nei suoi confronti, diventa complice silenzioso delle sue azioni.

La peculiarità di questo caso risiede proprio nel modo in cui l'intera congregazione ha contribuito a creare e mantenere un clima favorevole agli abusi. L'adorazione acritica del fondatore, unita a una cultura del silenzio e della sottomissione, ha generato un ambiente dove le violenze potevano perpetuarsi indisturbate, protette da un velo di sacralità e rispetto malinteso.

Mentre questo libro va in stampa, emergono nuove denunce e nuovi casi in ogni angolo del mondo, alcuni sepolti nell'ombra per decenni, altri frutto dei nostri tempi. L'abuso sulle religiose rappresenta quindi una ferita profonda che attraversa la Chiesa cattolica in ogni continente. Non si tratta solo di violenze sessuali, ma di un sistema complesso di sopraffazioni che include abusi di potere, manipolazioni della coscienza e forme sottili di controllo psicologico che minano la dignità delle suore.

Queste dinamiche sono partorite da una struttura ecclesiastica ancora fortemente patriarcale, dove le religiose si trovano in posizione di dipendenza economica e decisionale. La formazione stessa talvolta diventa strumento di condizionamento, enfatizzando un'obbedienza acritica che può facilitare gli abusi. Il silenzio che circonda questi eventi è amplificato da tabù culturali e dalla mancanza di spazi sicuri per la denuncia.

La Chiesa è chiamata allora a un reale cambiamento culturale che riconosca pienamente la dignità e il valore delle religiose, non come figure subordinate ma come protagoniste della vita ecclesiale. Solo attraverso questa trasformazione radicale si potrà costruire un futuro in cui gli abusi non trovino più terreno fertile in cui proliferare.

11

Un fenomeno psicologico e sociale

Il corpo è narratore silenzioso della nostra esistenza, custode fedele di ogni esperienza vissuta. In esso si inscrive l'intera trama della nostra vita, dai momenti più luminosi alle ombre più profonde.

La corporeità precede ogni pensiero razionale. Attraverso il corpo viviamo le tappe fondamentali dell'esistenza: la nascita, la crescita, il declino, il nutrimento, il deperimento, l'incontro con l'altro, l'amore. Nel nostro essere fisico si depositano gioie e dolori, speranze e delusioni, conquiste e ferite. Il volto, in particolare, diviene la mappa vivente del nostro percorso interiore. Ogni emozione, positiva o negativa che sia, ce l'abbiamo tatuata addosso.

Nei casi di violenza sessuale, il corpo diviene testimone involontario del trauma subito. La brutalità e la volgarità dell'abuso lo trasformano in oggetto, strumento di un piacere distorto o di una vendetta che ferisce non solo la carne ma anche lo spirito, compromettendo, avvilendo e imbruttendo l'integrità della persona nella sua totalità.

Gli abusi che hanno segnato la vita di molte religiose nel corso del Novecento, e che purtroppo continuano a manifestarsi anche ai giorni nostri, costituiscono un quadro molto complesso sotto innumerevoli punti di vista. È un sistema di oppressione che si è insinuato nelle pieghe più nascoste della vita consacrata, assumendo forme diverse da quella fisica ma ugualmente devastanti. Ci sono forme più subdole di molestie, ricatti, pressioni psicologiche che sfruttano la vulnerabilità e la devozione delle suore. Sono abusi che corrodono l'anima e la dignità di chi li subisce.

L'ombra nera dell'abuso psicologico e l'abuso spirituale

L'abuso psicologico è forse la forma più subdola e pervasiva di violenza, capace di minare l'autostima, l'autonomia e l'identità stessa della vittima, così come la manipolazione psicologica, che rimane un fenomeno sottovalutato e ancora non sufficientemente studiato dalla ricerca scientifica.[1] Mentre nel linguaggio comune questo termine può assumere interpretazioni diverse, è fondamentale basarsi su definizioni scientifiche standardizzate a livello internazionale per identificarne le dinamiche disfunzionali. Sebbene *prima facie* meno evidente della violenza fisica, la manipolazione psicologica può provocare danni significativi sia al benessere psicologico sia alla salute fisica della persona.

Gli autori di violenza psicologica seguono uno schema che rispecchia sorprendentemente quello utilizzato dai carcerieri nei campi di prigionia. Questo modello, noto come *Biderman's Chart of Coercion* («schema di coercizione di Biderman»), fu elaborato dal ricercatore Albert D. Biderman nel 1957 attraverso le interviste ai soldati americani sopravvissuti ai campi di concentramento cinesi durante la Guerra di Corea. Lo schema identifica precise tattiche di manipolazione e controllo psicologico ed elenca otto metodi generali di tortura, in ordine cronologico, finalizzati a spezzare psicologicamente un individuo:

1. Isolamento.
2. Monopolizzazione della percezione.
3. Debilitazione e spossamento indotti.
4. Minacce.
5. Concessioni occasionali.
6. Dimostrazione di «onnipotenza» e «onniscienza».
7. Degradazione.
8. Imposizione di richieste banali/triviali.

Nonostante l'originale applicazione della tabella nel contesto della Guerra Fredda, Amnesty International ha dichiarato che lo schema di Biderman contiene gli «strumenti universali della tortura e della coercizione». Nei primi anni Duemila, la tabella è stata utilizzata dagli interrogatori americani nel campo di detenzione di Guantanamo Bay, ed è stata inoltre applicata all'analisi degli abusi psicologici perpetrati dagli autori di violenza domestica.

Le testimonianze del caso Rupnik, per esempio, ma non solo, rivelano una modalità ricorrente di manipolazione psicologica che si rifà allo schema di coercizione di Biderman sopra descritto. Il gesuita sfruttava la sua posizione di autorità spirituale per creare un legame di dipendenza emotiva con le sue vittime. Le convinceva di essere «speciali», scelte da Dio per una missione particolare, ma allo stesso tempo le sminuiva costantemente, minando la loro autostima e rendendole sempre più dipendenti dal suo giudizio e dalla sua approvazione: «Ho capito che tu approfitti di noi e del Centro Aletti per farti la tua vita propria accanto a noi, ma senza essere proprio dentro» disse Rupnik contro Samuelle, poco prima di accusarla di comportarsi come «una prostituta».

Nel contesto ecclesiastico, poi, questo tipo di abuso assume connotazioni particolarmente insidiose, intrecciandosi con manipolazioni spirituali che rendono ancora più difficile per la vittima riconoscere la situazione di abuso e, conseguentemente, sottrarvisi. La loro vocazione, invece di essere fonte di gioia e realizzazione, diventa una gabbia di paura e sensi di colpa.

In questo caso possiamo parlare di «abuso spirituale», anche se si tratta di una definizione «ombrello» per diverse forme di abuso emotivo e/o di potere nel contesto della vita spirituale, religiosa e di comunità.

> Si può discutere se «abuso spirituale» sia la parola giusta (discussione non facile in un contesto internazionale con tante traduzioni). Si può pensare anche al termine «abuso religioso» come alternativa. Ci si può chiedere se la parola «abuso» non ricordi troppo l'abuso sessuale. Con questa terminologia, si porta nella discussione facilmente anche il vocabolario di «perpetratore» e «vittima»/«sopravvissuto». In Germania, dove si protende per «violenza sessualizzata», si parla anche di «violenza spiritualizzata» per far capire che un abuso non è mai spirituale nel senso stretto, ma che si usa la spiritualità per scopi estranei a essa e che si tratta di violenza. Il papa a volte definisce il fenomeno come «abuso della coscienza». Possiamo discutere su questioni di termini, ma più importante che discutere sulle parole è affrontare la questione stessa, anche se è più facile discutere sulle parole che affrontare la realtà.[2]

E di affrontare la realtà la Chiesa sembra averne poca voglia.

Quando parliamo di abuso spirituale nella vita religiosa, infatti, ci troviamo di fronte a qualcosa di profondamente contraddittorio: proprio là dove dovremmo trovare crescita e libertà spirituale, incontriamo invece oppressione e manipolazione. È come se il cuore stesso della vita religiosa venisse tradito. Viene tradita la sua stessa essenza.

L'abuso spirituale è un fenomeno di straordinaria complessità, le cui sfaccettature e manifestazioni lo rendono difficile da inquadrare in una definizione univoca. Tra i vari tentativi di definirlo, emerge per la sua efficace sintesi quella proposta da Diane Langberg nel 2020: «L'abuso spirituale comporta l'uso del sacro per danneggiare o ingannare l'anima dell'altro».

Ho affrontato l'argomento con la dottoressa Sonia Famà, psicologa, psicoterapeuta a indirizzo umanistico centrato sulla persona e psicologa penitenziaria con esperienza in osservazione e trattamento rivolta ad autori di maltrattamenti e reati sessuali. Avevo bisogno di una ulteriore chiave di lettura per comprendere meglio la questione.

> Chi strumentalizza la dimensione spirituale, la più alta espressione dell'umano, per ferire e manipolare l'anima altrui, perpetra un abuso spirituale. Questo tipo di violenza può essere esercitato da qualsiasi persona e verificarsi in qualsiasi contesto. La peculiarità di questo abuso risiede nella manipolazione dei concetti religiosi: il sacro stesso viene perversamente trasformato nel primo strumento di persecuzione. È proprio questa distorsione del divino a rendere l'abuso spirituale particolarmente insidioso e devastante.[3]

Non basta però riconoscere che il problema esiste. Dobbiamo capire davvero cosa succede quando si verifica un abuso spirituale, dobbiamo sapere dare un nome preciso alle cose per poterle affrontare e prevenire efficacemente. O anche, purtroppo, per cercare di curare i danni disastrosi che gli abusi causano.

In questo senso, il contributo del francese Jacques Poujol, che unisce l'esperienza di pastore a quella di psicoterapeuta, ci aiuta a fare chiarezza. Le sue definizioni ci permettono di riconoscere meglio i segnali dell'abuso spirituale e di capire come agisce chi lo perpetra.

> Dietro a questo fenomeno [di abuso spirituale] si nasconde una condizione di dolore, di isolamento e di lacerazioni indelebili per chi ne è stato vittima. [...] L'abuso spirituale può essere definito come una manipolazione morale e mentale esercitata su un individuo, che ha l'effetto di minarne le resistenze, talvolta di annientarlo e di renderlo sottomesso sia mentalmente sia moralmente. [...] Si verifica abuso spirituale quando un soggetto (religioso, sacerdote, accompagnatore o altro leader spirituale in un'associazione di preghiera, un movimento, una comunità) sfrutta la sua posizione di leadership per manipolare o sottomettere uno o più individui. [...] Si manifesta abuso spirituale anche quando un responsabile religioso utilizza altre persone per appagare alcune sue necessità psichiche o affettive o le esigenze dell'organizzazione che governa. [...] L'abuso spirituale è una prevaricazione di potere, intensificata dall'uso dell'autorevolezza sacra, con l'intento di assoggettare una o più persone.[4]

Ognuno di noi ha un proprio spazio personale, fisico e psico-emotivo, e il rispetto di quello spazio è elemento imprescindibile del vivere comune.

Edward Hall, un antropologo americano, con il suo studio sulla prossemica, si è occupato proprio di questo spazio fisico, della distanza tra le persone per indagarne la relazione. E ci dice che esistono come delle bolle invisibili che ci circondano, la cui ampiezza dipende dalla vicinanza psichica che sentiamo nei confronti di quella persona. Hall ci riporta a varie distanze interpersonali; da quella più ampia a quella più ridotta abbiamo: bolla pubblica, sociale, personale e intima. Ogni volta che si supera quel limite, si verifica una violazione. Quel limite non lo dobbiamo considerare solo da un punto di vista fisico, ma anche da quello psichico, e riguarda il modo di stare vicino all'altro.

Gli elementi che considera sono dunque la vicinanza, la distanza, il contatto fisico, uno spazio fisico personale che è definito dalle proprie simbolizzazioni, dai propri schemi di riferimento interni, regole psico-emotive, socio-relazionali e culturali.

> Entrare abusivamente nello spazio dell'altro significa sempre violare, che sia consapevole o inconsapevole, significa entrare nel diritto dell'altro. Questa violazione se spinta con intenzione può assumere diversi nomi e diverse forme, violenza fisica, sessuale, abuso psicologico, spirituale.
> Nell'abuso spirituale si va oltre la violazione della bolla intima di Hall, perché entra in gioco la dimensione sacra più profonda dell'essere, l'anima, con l'aggravante di un inganno che porta te stesso a rompere quella bolla e andare verso la tua devastazione.[5]

La violazione dei confini personali rappresenta quindi l'elemento centrale dell'abuso spirituale. Questa prevaricazione va ben oltre la semplice invasione della privacy: colpisce lo spazio sacro dell'intimità spirituale, dove la persona coltiva il suo rapporto più profondo con il divino.

Nelle comunità religiose, questo tipo di abuso si manifesta spesso attraverso il controllo dell'accompagnamento spirituale, e questo meccanismo viola un principio fondamentale del diritto canonico: la netta separazione tra *forum internum* (l'ambito della coscienza personale) e *forum externum* (l'ambito della vita comunitaria e delle relazioni pubbliche).

> La separazione dei fori ha come scopo di permettere un giudizio contemporaneamente illuminato e rispettoso dell'intimità della persona. Essa assicura una protezione contro gli abusi di potere di un'autorità che si potrebbero riversare sul-

> le coscienze. Essa non può offrire una protezione contro l'abuso spirituale quando ha luogo nel quadro del foro interno. Quando questi confini vengono erosi, la persona perde gradualmente quello spazio protetto dove la sua dignità e la sua libertà spirituale dovrebbero essere custodite e rispettate. L'accompagnamento spirituale, che dovrebbe essere uno strumento di crescita e libertà, si trasforma così in un mezzo di manipolazione e controllo, minando alla base il delicato equilibrio tra dimensione personale e comunitaria della vita religiosa.[6]

La protezione della libertà spirituale nel diritto canonico si basa quindi su un principio fondamentale: la netta separazione tra la sfera interiore della coscienza (foro interno) e quella della gestione comunitaria (foro esterno). Questa distinzione non è un mero dettaglio giuridico, ma rappresenta una garanzia essenziale per la libertà spirituale di ogni religioso.

> Il canone 630 del CIC è molto chiaro perché recita che «i superiori riconoscano ai religiosi la dovuta libertà per quanto riguarda il sacramento della penitenza e la direzione della coscienza», che «i superiori non ascoltino le confessioni dei propri sudditi» e che è «vietato ai superiori indurli in qualunque modo a manifestare loro la propria coscienza». In molti casi, però, questa norma viene sistematicamente minata.[7]

Infatti, nonostante la chiarezza di queste norme, nella pratica si assiste spesso a una loro sistematica erosione e disgregazione. In alcuni casi, questi divieti vengono aggirati attraverso pratiche sottili ma invasive, creando sistemi di controllo che violano lo spazio sacro della coscienza individuale. E tale violazione non solo contraddice il diritto canonico, ma mina le fondamenta stesse della vita religiosa autentica, che può fiorire solo in un clima di vera libertà spirituale.

> L'abuso spirituale può assumere diverse forme e diversi livelli di violazione, che si agganciano agli elementi contestuali, come l'obbedienza, il sacrificio, la castità, il donarsi, principi cardine su cui si basa la vita cristiana, e che rappresentano il senso di totalizzazione al Signore. L'utilizzo di questi aspetti, o potremmo definirli ostaggi, prefigura un abuso di potere spirituale.[8]

Gloria, per esempio, ha raccontato di come Rupnik usasse la spiritualità e la teologia per giustificare i suoi abusi: «Padre Marko si è fatto spazio nella mia coscienza, l'ha conquistata, ha preso il controllo e la vigilanza su di me, ha preso il controllo delle mie debolezze, del mio corpo, della mia sessualità, della mia carne. Tutto questo, appellandosi alla legge divina, alla volontà di Dio, che è al di sopra di quella degli uomini».

Quando una persona sceglie la vita religiosa e pronuncia il voto di obbedienza, in cosa esattamente si impegna? È importante capirlo bene: l'obbedienza riguarda le azioni concrete, il modo di vivere nella comunità, ma non può e non deve mai toccare il cuore più intimo della persona, quello spazio interiore dove ognuno vive il proprio rapporto con Dio. È come se ci fosse una linea rossa che nessuna autorità umana può attraversare perché nella coscienza di ogni persona c'è uno spazio sacro che appartiene solo a lei e a Dio. Nessun altro, per quanto autorevole o ben intenzionato, ha il diritto di entrare lì dentro per dirigere o controllare o apportare modifiche. Immaginate qualcuno che cercasse di farlo: sarebbe come volersi mettere al posto di Dio, come volere invadere un dialogo intimo che può esistere solo tra la persona e il Creatore.

L'abuso spirituale è una violazione del «nucleo più segreto» e del «sacrario dell'uomo, dove egli è solo con Dio, la cui voce risuona nell'intimità».[9]

> Ecco perché la violazione della libertà interiore di una persona è terribile, perché quella libertà è la condizione necessaria e indispensabile della fede – e anche la condizione di ogni relazione personale, di ogni amicizia, di ogni sviluppo intellettuale e spirituale.[10]

L'obbedienza religiosa, correttamente intesa, deve quindi rispettare sempre questa distinzione fondamentale tra la sfera dell'azione esterna e quella dell'intimità spirituale, garantendo così la libertà di coscienza che è parte integrante della dignità umana. Questa verità fondamentale, ribadita dal Concilio Vaticano II, e successivamente incorporata nel Catechismo della Chiesa cattolica, costituisce un baluardo essenziale contro ogni forma di manipolazione spirituale.

> Al fondo della sua coscienza, l'uomo scopre la presenza di una legge che non si è data lui stesso, ma alla quale è tenuto a obbedire. Questa voce che non cessa di spingerlo ad amare e a compiere il bene e a evitare il male, al momento opportuno risuona nell'intimità del suo cuore [...]. È una legge scritta da Dio nel cuore dell'uomo. La coscienza è il centro più intimo e segreto dell'uomo, il santuario in cui è solo con Dio e dove la sua voce si fa udire.[11]

Questo tipo di manipolazione è particolarmente devastante in un contesto religioso, dove la vittima è portata a credere che resistere all'abusatore significhi resistere alla volontà di Dio stesso. L'abusatore si pone infatti come intermediario tra la vittima e il divino, arrogandosi il diritto di interpretare e trasmettere la volontà di Dio. Questo crea una trappola psicologica da cui è estremamente difficile liberarsi.

Quando l'autorità spirituale viene distorta e usata come strumento di potere e manipolazione, le conseguenze possono essere terribili. Chi sceglie la vita consacrata lo fa spinto da un amore profondo e autentico per Dio. Un amore incondizionato con un desiderio di donazione totale.

> Studi psicologici sull'obbedienza di Stanley Milgram del 1963 ci dicono che le persone, per un riconoscimento assoluto e acritico di una fonte che riesce a far passare azioni violente per gesti virtuosi, possono mettere in atto specifici comportamenti contrari ai loro valori, oltrepassando la propria etica e morale. La manipolazione supera la coscienza personale.[12]

Ancora più drammatico è il caso di chi arriva a perdere la fede. Non si tratta di un semplice allontanamento: il desiderio di Dio rimane vivo, ma è come se fosse diventato irraggiungibile. L'immagine di Dio è stata così profondamente deformata dall'esperienza dell'abuso che stabilire una relazione autentica con Lui diventa impossibile. È come se un muro invisibile si fosse alzato tra la persona e quel Dio che un tempo era fonte di gioia e consolazione. Dio c'è ma è come se non ci fosse più.

> La persona abusata percepisce il divino come un'entità opprimente, volubile, eternamente insoddisfatta, inflessibile, incline alla punizione e all'umiliazione, un Dio-tiranno che impone traguardi impossibili e opera secondo una logica di scambio mercantile. Si convince che la presenza divina l'abbandoni al minimo errore, come quando emerge un segnale di disagio interiore, per esempio l'insorgere di un pensiero negativo. Non riesce più a vedere Dio come suo protettore ma lo sperimenta piuttosto come suo persecutore.[13]

L'abuso spirituale costituisce una forma di violenza particolarmente insidiosa, e che merita quindi la massima attenzione. Sarebbe un grave errore considerarlo meno grave dell'abuso sessuale, per almeno tre ragioni fondamentali.

In primo luogo, esiste una stretta interconnessione tra le due forme di abuso: quello spirituale spesso prepara il terreno per quello sessuale, creando le condizioni di vulnerabilità e dipendenza che lo rendono possibile. I confini tra le due forme di violenza sono frequentemente sfumati, con dinamiche distruttive che si sovrappongono e si rafforzano a vicenda.

In secondo luogo, i traumi psicologici causati dall'abuso spirituale sono profondi e duraturi quanto – se non di più – quelli degli abusi sessuali. La violazione della libertà interiore e della coscienza può segnare in modo indelebile l'intera esistenza di una persona, compromettendo la sua capacità di sviluppare una sana relazione con se stessa, con gli altri e con il divino. Può minare l'autodeterminazione e la capacità di discernimento. È la struttura stessa della persona che è a rischio.

Infine, l'abuso spirituale colpisce al cuore stesso dell'esperienza religiosa, corrompendo quel rapporto intimo e personale con il sacro che dovrebbe essere fonte di libertà piena e crescita spirituale. In questo senso, rappresenta una forma di violenza che non ferisce solo la persona, ma contamina l'essenza stessa della vita consacrata.

> Risulta che, sfortunatamente, la vita religiosa è particolarmente vulnerabile all'abuso spirituale. Perciò, chiunque desidera conservare e difendere la vita religiosa nella sua profondità, ricchezza e bellezza deve affrontare questo fenomeno e rimediare a questa vulnerabilità.[14]

Per questo, l'abuso spirituale rappresenta una vera e propria minaccia esistenziale per il futuro stesso della vita consacrata. Non si tratta di un problema periferico o secondario, ma di una crisi che mette a rischio la sopravvivenza e l'autenticità degli ordini religiosi.

La storia recente della Chiesa ci ha mostrato numerosi casi in cui lo scopo originario del vivere religioso e comunitario è stato pervertito e corrotto. Invece di essere un cammino di libertà spirituale e crescita personale, è stato trasformato in uno strumento di potere e controllo. Individui carismatici ma predatori hanno utilizzato il contesto religioso come una trappola perfetta: attirando giovani mossi da sinceri ideali spirituali, li hanno gradualmente ridotti a uno stato di dipendenza psicologica, sottoponendoli a varie forme di sfruttamento e abuso.

Ma l'abuso psicologico non si limita alla sfera spirituale. Le testimonianze rivelano un sistema di controllo che si estende a ogni aspetto della vita delle religiose.

Ivanka Hosta, la superiora della Comunità Loyola, è stata descritta come una figura autoritaria che esercitava un controllo ossessivo e sistematico sulla vita delle sorelle. Mirjam ha raccontato che «la libertà personale era quasi completamente azzerata. A causa di questo clima buio e minaccioso la Comunità si dimezzò: nel giro di pochi anni uscirono in diciannove, una addirittura scappò dalla finestra».

Questo controllo asfissiante si manifestava in vari modi: dalla scelta del confessore alla verifica del contenuto delle preghiere personali, fino all'isolamento forzato di chi veniva considerata «in crisi». Tutto ciò creava un ambiente di costante tensione e paura, dove le suore vivevano nel terrore di essere giudicate inadeguate o non sufficientemente all'altezza a livello spirituale. La confessione, quindi, invece di essere accolta con misericordia, si faceva strumento di ricatto morale e di manipolazione.

Tra la violazione dei confini personali e l'isolamento forzato si sviluppa uno spazio di privazione della libertà che gli studiosi, in particolare il sociologo Erving Goffman,[15] hanno definito «istituzione totale».

L'istituzione cerca di gestire ogni aspetto della vita dei membri, limitando drasticamente i loro contatti con il mondo esterno ma anche con l'ambiente interno. Non si tratta solo di restrizioni fisiche: viene controllato anche l'accesso all'informazione, alle letture, alla formazione personale. È come costruire un muro invisibile ma impenetrabile tra la persona e il resto del mondo.

È come vivere in una campana di vetro.

Il controllo sulle relazioni personali di Mirjam, per esempio, iniziò già durante il periodo trascorso a Mengeš, in Slovenia. Rupnik intervenne attivamente per ostacolare il legame profondo che aveva sviluppato con una consorella, definendolo una «dipendenza malsana» e un'espressione di egoismo. Questo controllo si intensificò dopo il trasferimento a Roma, dove le impose di recidere completamente ogni contatto con Gloria. Questa interferenza ebbe un impatto devastante sul suo modo di relazionarsi con gli altri: le sue relazioni persero ogni elemento di stabilità e autenticità, e le amicizie genuine divennero impossibili. Ma il controllo di Rupnik si spinse oltre, arrivando a colpire anche i legami familiari; come già detto, impose alle religiose di inviare lettere ai propri familiari in cui annunciavano un anno di completo isolamento: niente visite, corrispondenza o chiamate telefoniche. E, nel caso di Mirjam, le istruzioni furono particolarmente crudeli: doveva esprimere per iscritto una profonda preoccupazione per la salvezza spirituale dei suoi genitori, elencando dettagliatamente i loro difetti che motivavano questa presunta inquietudine. Nonostante trovasse il contenuto della lettera già troppo severo, la consorella incaricata della supervisione aggiunse ulteriori elementi ancora più dolorosi. Fu costretta a spedire quella lettera, e il dolore inflitto ai suoi genitori rimane ancora oggi una ferita aperta nella sua memoria.

Alle suore, quindi, veniva chiesto di tagliare i ponti con la famiglia e gli amici, ma anche di non parlare tra loro di certi argomenti, di diffidare le une delle altre. Questo isolamento non solo rendeva più difficile per le vittime rendersi conto della situazione di abuso, ma le privava anche di possibili vie di fuga o di aiuto reciproco.

«Un uomo solo è sempre in cattiva compagnia» diceva saggiamente Paul Valéry.

Gloria mi ha raccontato il progressivo isolamento subito già tra il 1985 e il 1987, quando gli incontri erano all'atelier del Collegio del Gesù, avvenuto «lentamente, ma neanche in poco tempo, in un anno e mezzo o due, mi ha isolato veramente da tutto il mio mondo».

Marko Rupnik convinse gradualmente anche Samuelle che solo lui poteva comprendere la sua sensibilità artistica e spirituale, creando un legame di dipendenza che poi sfruttò per i suoi abusi. Come lei ha raccontato:

> La cosa più orribile, più pesante, che mi ha fatto più male è che veramente ho perso me stessa dopo questi anni. Ero svuotata, non sapevo più chi ero, cosa era la mia vita, non sapevo cosa volevo. Ho passato la vita a difendermi, a sopravvivere. La poca struttura che avevo quando sono arrivata da lui – perché già ero abbastanza rovinata – il poco che rimaneva, lui l'ha distrutto.

L'impatto di questi abusi psicologici è devastante anche a lungo termine. Come ho già avuto modo di dire, ma è giusto ribadirlo, molte delle vittime hanno riportato gravi conseguenze sulla loro salute mentale e fisica: depressione, ansia, disturbi del sonno, disturbi alimentari, attacchi di panico. Alcune hanno sviluppato comportamenti autolesionisti o hanno contemplato il suicidio. Samuelle ha raccontato di avere vissuto «momenti di panico e di angoscia, non dormivo più, gridavo senza un apparente motivo». Ha dovuto intraprendere un lungo percorso di terapia per cercare di superare i traumi subiti. Come abbiamo avuto modo di apprendere dalla sua testimonianza, nelle Fraternità monastiche di Gerusalemme,

> il mio disagio è cresciuto al punto che ho iniziato a bruciarmi le braccia. La risposta della congregazione è stata di mandarmi da uno psicologo che collaborava con un esorcista, interpretando il mio comportamento come un problema spirituale anziché psicologico. Mi sono sentita abitata dal diavolo e che portavo qualcosa di male dentro di me. In questo periodo di grande confusione e sofferenza, ho persino contemplato il suicidio, arrivando due volte a mettermi sul davanzale della finestra al quarto piano.

La questione, di cui abbiamo già discusso, dell'esorcista nelle Fraternità monastiche di Gerusalemme, dove aveva iniziato il suo percorso vocazionale, è un elemento che definirei «estremo» della storia di Samuelle. La segna ancora oggi, vent'anni dopo: «A volte mi chiedo se non avessero ragione». È chiaro che il sistema di coercizione funzioni: non è l'abusante a essere il problema, ma la vittima che viene vista come «posseduta» o disturbata.

Inoltre, queste azioni manipolatorie e coercitive non solo vanno a distruggere la vita personale delle vittime, ma minano profondamente la loro fede e il loro rapporto con la spiritualità. Molte, per esempio, hanno faticato a riconciliare l'abuso subito con la loro vocazione religiosa. Alcune hanno lasciato la vita consacrata, altre hanno sviluppato una profonda diffidenza verso l'autorità ecclesiastica e i sacerdoti in generale.

> Sulla mia fede, non ho una risposta tutta chiara, tutta fatta. Penso che la risposta sarà sempre in movimento, non è una risposta definitiva. La risposta di oggi è che dentro di me, profondamente radicato, c'è qualcosa che mi tiene in vita. E per me questo è Dio. Non un concetto, è una persona. Questo legame è stato distrutto dalla mia congregazione e da Rupnik. Da Rupnik è stato distrutto al massimo livello, per-

ché ho dubitato di questo, ho dubitato non di essere suora, ho dubitato di questo legame con Dio che avevo percepito fin da piccola, fin dai tredici anni, che non mi ha mai lasciato.[16]

Va ribadito che questi abusi psicologici non sono casi isolati o limitati a una singola comunità. Le testimonianze raccolte suggeriscono un problema sistemico all'interno di certi ambienti ecclesiastici, dove strutture di potere fortemente gerarchiche e una cultura del silenzio creano un ambiente favorevole per gli abusi.

La questione si intreccia così inevitabilmente con quella più ampia del ruolo della donna nella Chiesa cattolica. In un sistema dove l'autorità è quasi esclusivamente maschile, le donne, e in particolare le suore, si trovano spesso in una posizione di subordinazione e vulnerabilità. Questa disparità di potere crea un contesto in cui gli abusi possono più facilmente verificarsi e rimanere impuniti.

Il caso di Rupnik è rappresentativo di come questa disparità possa essere sfruttata. Il gesuita godeva di un'aura di santità e di un prestigio artistico che lo rendevano praticamente intoccabile. Ancora adesso, nonostante le denunce, non siamo lontani da questa immagine. Le suore che cercavano di denunciare i suoi abusi si sono trovate di fronte a un muro di incredulità e omertà. Le loro voci sono state sistematicamente ignorate o soffocate, mentre Rupnik continua a godere della protezione dei suoi superiori.

Questo silenzio imposto alle vittime è una forma di violenza aggiuntiva, che prolunga e amplifica il trauma dell'abuso originale. Lo spiega efficacemente Gloria: «A me hanno lasciato tutta la sofferenza e la devastazione degli otto anni di abusi, nessuno ha mai chiesto di parlare con me, tutti lo hanno fatto al "mio posto"».

La cultura del silenzio e della segretezza che pervade certi ambienti ecclesiastici non solo protegge gli abusatori, ma impedisce quindi anche alle vittime di elaborare il trauma subito. Molte delle donne abusate dall'artista gesuita hanno impiegato decenni prima di riuscire a parlare apertamente di ciò che avevano vissuto. Questo silenzio forzato ha prolungato la loro sofferenza e ha impedito loro di cercare l'aiuto e il supporto di cui avevano disperatamente bisogno.

Ma l'abuso psicologico all'interno della Chiesa non può essere considerato separatamente dal più ampio contesto sociale italiano, dove persistono disparità di genere significative. Nonostante i progressi compiuti negli ultimi decenni, l'Italia rimane una società in cui le donne spesso faticano a fare sentire la propria voce e a vedere riconosciuti i propri diritti.

> In Italia, secondo quanto calcolato dall'International Labour Organization (Ilo), la quota di donne in posizioni dirigenziali (senior management e middle management) è pari a circa il 24%. L'obiettivo è quello di raggiungere la soglia del 35% nel 2026, a fronte anche dell'esperienza della Spagna e della Svizzera, che già si collocano al di sopra del 33% e che, negli ultimi cinque anni, hanno registrato un incremento di quattro punti percentuali mantenendosi comunque al di sotto di altre realtà più avanzate in termini di *leadership* al femminile. È il caso, per esempio, della Svezia, dove la percentuale di donne manager supera già oggi il 40% del totale.[17]

L'analisi della condizione femminile in Italia rivela un quadro complesso, dove le criticità più evidenti emergono nell'ambito lavorativo e nella gestione del carico familiare. A pesare significativamente su questa situazione sono gli stereotipi di genere profondamente radicati nel tessuto socio-culturale del Paese, che continuano a perpetuare una visione della donna in posizione subalterna rispetto all'uomo: una percezione sorprendentemente condivisa in egual misura da entrambi i generi.

Particolarmente indicativo è come, anche tra le nuove generazioni, persista l'idea che la realizzazione professionale e la soddisfazione lavorativa siano prerogative principalmente maschili. Questa visione stereotipata dei ruoli di genere si intreccia pericolosamente con il fenomeno della violenza sulle donne: se da un lato oltre il 90 per cento della popolazione condanna esplicitamente la violenza di genere, dall'altro emergono dati allarmanti. In alcune regioni italiane, fino alla metà della popolazione maschile considera la violenza all'interno della coppia giustificabile in determinate circostanze. Ancora più preoccupante è il dato sui giovani: il 30 per cento degli under 30 considera normale il controllo ossessivo del partner attraverso dispositivi digitali e social network, non riconoscendolo come una forma di violenza.[18]

In termini di partecipazione femminile al mercato del lavoro, qualità e segregazione dell'attività lavorativa, l'Italia si colloca tra gli ultimi posti in Europa, con performance particolarmente critiche in alcuni indicatori specifici e forti disparità territoriali interne.[19]

In questo contesto, le suore si trovano in una posizione di particolare vulnerabilità. Non solo devono affrontare le disparità di genere presenti nella società in generale, ma si trovano anche all'interno di una struttura ecclesiastica che, nonostante alcuni timidi segnali di apertura, rimane fondamentalmente patriarcale e chiusa. Questo doppio svantaggio le rende particolarmente esposte.

La manipolazione psicologica subita dalle vittime di Rupnik e da altre suore in situazioni simili riflette, in forma esasperata, dinamiche di potere e controllo che sono quindi ancora presenti in molti ambiti della società italiana e anche diffusamente nel mondo. La tendenza a sminuire e a non credere alle donne che denunciano abusi, la normalizzazione di comportamenti manipolatori e coercitivi, la difficoltà nel riconoscere e condannare forme di abuso non fisiche sono problemi che vanno ben oltre i confini delle istituzioni religiose.

Samuelle ha descritto la sua esperienza di manipolazione psicologica distinguendo due diversi contesti: quello individuale e quello istituzionale. Nel primo caso, ha identificato più rapidamente la dinamica manipolativa poiché proveniva da una singola persona, Rupnik. Più complesso e lungo è stato invece il processo di riconoscimento della manipolazione subita all'interno della congregazione religiosa. In questo secondo caso, la manipolazione era esercitata a livello sistemico dall'intero gruppo, rendendo il meccanismo più sfumato e difficile da individuare. Come spiega lei, «riconoscere di essere stati manipolati da un'intera istituzione richiede molto più tempo e consapevolezza rispetto all'identificazione dell'abuso perpetrato da un singolo individuo».

Ciò che emerge da queste storie è la necessità urgente di un cambiamento culturale profondo, sia all'interno della Chiesa cattolica sia nella società in generale. Un cambiamento che passi attraverso l'educazione, la sensibilizzazione e, soprattutto, l'ascolto e la valorizzazione delle voci femminili.

Lo sfruttamento del lavoro come forma di sottomissione

Se l'abuso psicologico rappresenta una forma di violenza subdola e spesso invisibile, lo sfruttamento lavorativo delle suore è una realtà più tangibile ma non per questo meno grave. Le testimonianze raccolte nel caso Rupnik, così come altre vicende emerse negli ultimi anni, rivelano un sistema in cui il lavoro delle religiose viene sistematicamente svalutato, sfruttato e utilizzato come strumento di controllo e sottomissione. Come è accaduto a Samuelle che, durante i sei anni in cui ha lavorato nell'atelier dell'artista gesuita, non ha mai firmato un contratto di lavoro, venendo retribuita in contanti e con somme irrisorie che doveva poi restituire alla sua congregazione. Questa situazione non solo la privava di ogni forma di tutela lavorativa, ma la rendeva anche completamente dipendente dalla «benevolenza» di Rupnik. Come lei stessa racconta: «Lasciando il Centro Aletti, ho anche perso il lavoro, mia unica fonte di sostentamento. Mi sono ritrovata senza niente, dovendo cercare un posto che mi potesse accogliere in Francia. Ho dovuto chiedere soldi ad amici, ho dovuto cercarmi un altro lavoro. È stato un percorso lungo e molto pesante. Per anni, ho vissuto in povertà materiale».

Molte suore si trovano a lavorare in condizioni simili, senza contratti, senza tutele, senza contributi previdenziali. Debbono obbedire. Il loro lavoro viene spesso considerato come un «servizio» o una «missione», negando loro i diritti fondamentali di ogni lavoratore. E lo sfruttamento lavorativo si intreccia strettamente con l'abuso psicologico: il controllo sul lavoro diventa uno strumento per mantenere le suore in uno stato di dipendenza e sottomissione.

Questa dinamica di ricatto, dove il lavoro viene usato come strumento di controllo, è purtroppo comune in molti ambienti religiosi. Le suore vengono spesso poste di fronte a una scelta impossibile: sottomettersi o perdere non solo il lavoro, ma anche la loro «vocazione» e la loro comunità. In poche parole, perdere tutto.

Un aneddoto esemplificativo lo ha raccontato la storica e giornalista Lucetta Scaraffia:

> Alcuni anni fa, quando dirigevo «Donne Chiesa Mondo», l'unica testata vaticana dedicata alle donne, mi è stato suggerito da Peter Wells, un ecclesiastico statunitense ora nunzio apostolico ma che allora ricopriva in Segreteria di Stato il ruolo di assessore (grosso modo corrispondente in Italia alla carica di sottosegretario agli Interni), di dedicare un articolo alle cinquanta donne che lavoravano nei diversi uffici della

> Segreteria di Stato. Avremmo anche avuto a disposizione una foto in cui le impiegate festeggiavano intorno a una grande torta con le candeline appunto la cinquantesima assunzione femminile.
> Benché introdotta dall'assessore stesso, che mi aveva affidato come guida una delle sue più strette collaboratrici, il tentativo di intervista fallì miseramente. Anche se le domande che cercavo di rivolgere alle donne incontrate erano semplici e inoffensive – chiedevo per esempio di raccontarmi come erano arrivate a lavorare lì, se erano sposate o consacrate, che tipo di lavoro facevano – e certo non sollecitavo alcun discorso critico, tutte si rifiutarono di rispondermi. Ho provato a capire il motivo di tanta reticenza, e una me lo ha rivelato: qualunque cosa avessero detto, il fatto stesso di parlarmi sarebbe stato interpretato dal loro rispettivo superiore come un atto di ribellione, come un alzare la testa, come un protagonismo indebito. Niente come questa reazione è sintomo dello stato di sudditanza e di timore in cui queste donne lavorano.[20]

Negli ultimi anni sono emersi numerosi casi di suore impiegate come domestiche o badanti presso alti prelati, cardinali o anche laici benestanti, senza alcun tipo di contratto o tutela. Le religiose si trovano spesso a lavorare per molte ore al giorno, senza giorni di riposo, in condizioni che rasentano la schiavitù.

Dietro i veli e i sorrisi di servizio si celano donne concrete, ciascuna con un nome proprio, una storia personale, aspirazioni profonde e un corpo che soffre. Sono religiose che affrontano quotidianamente situazioni di estremo disagio professionale, dall'esaurimento fisico ed emotivo nei servizi assistenziali fino alle più gravi violazioni della dignità personale.

A portare alla luce questa realtà è stata suor Maryanne, religiosa australiana con una solida formazione in psicologia e ricercatrice presso l'Università di Oxford. In una sua approfondita analisi del 2020, ha evidenziato come ogni religiosa dovrebbe potere contare su un preciso codice di condotta e un accordo formale con l'autorità ecclesiastica, sia essa il vescovo o il parroco. È fondamentale che una suora sappia cosa può chiedere e cosa non può esserle chiesto. Ciascuna dovrebbe avere un codice di condotta, una lettera di accordo con il vescovo o con il parroco; dovrebbe potere dire al padre o alla sorella: «Sai, ho lavorato 38 ore questa settimana, non posso lavorare domenica e tornare di nuovo lunedì, ho bisogno di un giorno di riposo». Un contratto negoziato rende più forti.[21]

> C'è poi anche il fenomeno delle ex suore ridotte sul lastrico quando decidono di dismettere il velo. Per questo è stata aperta una casa a Roma che accoglie ex religiose. È sempre il cardinale Braz de Aviz a parlare della «decisione del papa di creare a Roma una casa per accogliere dalla strada alcune suore mandate via da noi e dalle superiore, in particolare nel caso che siano straniere». Il cardinale sottolinea che «ci sono casi molto duri in cui i superiori hanno trattenuto i documenti di suore che desideravano uscire dal convento, o che sono state mandate via. Queste persone sono entrate in convento come suore e si ritrovano in queste condizioni. C'è stato anche qualche caso di prostituzione per poter mantenersi».[22]

L'assenza di regole chiare crea un ambiente tossico dove, come sottolinea suor Maryanne, «operare nell'ambiguità espone a forme di bullismo, abuso e molestie». Nella sua analisi, una testimonianza particolarmente toccante ha rivelato: «Ho assistito a situazioni estremamente critiche in alcune parrocchie, dove il potere assoluto del sacerdote sugli impiegati religiosi ha portato all'allontanamento di consorelle o alla loro assegnazione forzata a mansioni inadeguate, senza alcuna forma di consultazione o valutazione oggettiva».

L'Unione internazionale delle superiore generali (Uisg) ha posto particolare attenzione al disturbo post-traumatico. Sempre suor Maryanne ha condiviso esempi concreti: «Penso alle consorelle in Ruanda, testimoni di massacri indicibili. Io stessa, dopo essere stata rapita mentre lavoravo in un centro di detenzione a Hong Kong per richiedenti asilo vietnamiti, ancora oggi sperimento episodi di paralisi e flashback durante semplici azioni come salire le scale».

La sua analisi si conclude poi con una riflessione potente che risuona come un monito: «L'esposizione prolungata al dolore dei rifugiati e delle vittime di tratta lascia un segno indelebile, come una goccia che scava pazientemente la pietra». Queste parole sottolineano l'urgenza di riconoscere e affrontare le sfide psicologiche e umane che le religiose sostengono nel loro servizio quotidiano, troppo spesso invisibile agli occhi del mondo.

Un'inchiesta del 2018 dell'Associated Press ha poi rivelato come molte suore in Italia vengano impiegate come semplici domestiche a basso costo per il clero maschile e la gerarchia vaticana. Le religiose spesso lavorano senza contratto, ricevendo in cambio solo vitto e alloggio e una «offerta» simbolica alla loro congregazione. La pratica non solo viola i diritti lavorativi delle suore, ma perpetua anche un sistema di disparità di genere all'interno della Chiesa.

Come abbiamo accennato prima, questo sfruttamento riflette e amplifica le disparità di genere presenti nella società italiana in generale. In un Paese dove il *gender pay gap* rimane significativo e dove le donne sono ancora sottorappresentate nelle posizioni di potere, lo sfruttamento del lavoro femminile all'interno della Chiesa assume connotati particolarmente gravi. Il voto di povertà e obbedienza, che in teoria dovrebbe essere un atto di libertà spirituale, viene spesso strumentalizzato per giustificare lo sfruttamento. Molte di loro vengono indotte a credere che accettare condizioni di lavoro ingiuste sia parte della loro vocazione o un modo per dimostrare la loro obbedienza.

Il sistema produce conseguenze durature sulla vita delle religiose, che spesso si ritrovano prive di tutele previdenziali e assistenziali dopo anni di servizio. E tale condizione di precarietà economica e sociale rende le religiose particolarmente vulnerabili e dipendenti dalla comunità di cui fanno parte, limitando drasticamente la loro possibilità di costruirsi un'esistenza autonoma al di fuori di essa.

Nel panorama delle istituzioni religiose, quindi, emerge sempre più una problematica tanto diffusa quanto poco discussa: lo sfruttamento lavorativo delle religiose.

Il lavoro femminile nella Chiesa cattolica rappresenta una realtà complessa e spesso invisibile, caratterizzata da una commistione problematica tra missione e professione. Come ha evidenziato Lucetta Scaraffia, «è veramente difficile calcolare, con numeri affidabili, la quantità di donne che lavorano nella Chiesa e per la Chiesa»,[23] poiché il confine tra servizio volontario e lavoro retribuito è spesso sfumato. E molte volte non c'è neppure, perché le suore sono troppo spesso una forza lavoro volontaria.

La situazione in Vaticano offre uno spaccato emblematico di questa realtà: le donne costituiscono circa il 20 per cento della forza lavoro, «sono cioè circa 750 su un totale approssimativo di 4800 persone».[24] Tuttavia, la loro presenza è caratterizzata da una marcata disparità gerarchica e salariale. Come ha sottolineato la giornalista, «nei ruoli non solo gli uomini superano sempre le donne, ma gli ecclesiastici superano i laici e soprattutto le laiche, che quindi si fermano ai livelli più bassi di stipendio».

Particolarmente critica è la situazione delle religiose impegnate nel servizio domestico presso sacerdoti o istituzioni maschili. «Le suore – che di fatto lavorano senza orario né ferie – ricevono una paga poco più che simbolica, che va direttamente al loro ordine.» Questa condizione di subordinazione si riflette anche nel percorso di formazione: «Per le religiose sono previste solamente borse di studio di breve durata», il che costringe molte di loro a sostenere gli studi attraverso il lavoro domestico.

Tuttavia, esistono anche esempi virtuosi di autonomia e leadership femminile: «La creatività delle religiose ha fatto nascere nuovi progetti assistenziali, organizzati con cura e intelligenza, con ottimi risultati». Un esempio significativo è la rete Talitha Kum, che, combattendo la tratta di essere umani, «contrasta con successo un fenomeno che oggi coinvolge almeno 40 milioni di persone, per il 70 per cento donne e bambini».[25]

Storicamente, le religiose hanno svolto un ruolo pionieristico nell'imprenditoria femminile. Nel XIX secolo, «forti di una manodopera a costo zero, cioè le suore, queste congregazioni hanno accumulato rapidamente solide fortune, impegnate poi in missioni, in nuove iniziative». Inoltre, «la necessità di far riconoscere il valore legale del loro insegnamento ha spinto le congregazioni che avevano aperto delle scuole a far studiare le religiose, che sono state infatti tra le prime donne a frequentare l'università».

La complessità del lavoro svolto dalle religiose sfida le tradizionali categorie di classificazione professionale. Sebbene queste attività non rientrino formalmente nella definizione convenzionale di lavoro retribuito, la loro natura richiede competenze manageriali di altissimo livello che nel mondo secolare troverebbero ampio riconoscimento economico e professionale.

L'amministrazione delle congregazioni religiose femminili, per esempio, rappresenta un caso emblematico di questa contraddizione: dalla gestione delle piccole realtà locali fino al coordinamento di organizzazioni internazionali, le religiose dimostrano capacità manageriali di eccellenza. Le superiore delle grandi congregazioni, in particolare, si trovano a gestire vere e proprie organizzazioni multinazionali, con una complessità paragonabile a quella delle più importanti realtà aziendali globali.

> Religiose che nel mondo hanno fondato e dirigono missioni, dove svolgono attività mediche e scolastiche, spesso intervengono anche nella vita dei villaggi suggerendo coltivazioni più redditizie, facendo scavare pozzi, insegnando nuovi lavori. Anche qui, con un minimo di finanziamento ottengono grandi risultati, rivelando una mentalità pratica e concreta, e dimostrando una vivacità creativa che quasi sempre manca ai missionari maschi.[26]

Queste religiose leader devono padroneggiare competenze diversificate: dalla pianificazione strategica alla gestione finanziaria, dal *risk management* alle relazioni internazionali. Devono sapere valutare opportunità di investimento, gestire patrimoni immobiliari, coordinare progetti di sviluppo su scala globale, negoziare con istituzioni finanziarie e governative. Il tutto operando in contesti culturali e normativi profondamente diversi, dove ogni decisione deve bilanciare sostenibilità economica e fedeltà alla missione evangelica.

Paradossalmente, proprio l'inquadramento di queste attività sotto l'etichetta della «missione» contribuisce a perpetuare una sottovalutazione sistematica delle competenze professionali messe in campo dalle religiose, creando un divario significativo tra il valore generato dal loro lavoro e il suo riconoscimento istituzionale ed economico.

Solo quando vanno in Vaticano vengono trattate senza tanto rispetto, come «povere suorine».[27]

Ci sono poi migliaia di donne che hanno dedicato la loro vita alla vocazione religiosa e che si trovano a prestare servizio in settori cruciali del welfare – ospedali, scuole, case di riposo, centri assistenziali – senza godere però delle tutele fondamentali riconosciute ai lavoratori laici.

Anche qui, la questione è resa particolarmente complessa dalla retorica della «missione», che trasforma sistematicamente il lavoro professionale in «servizio vocazionale». Questa narrazione, apparentemente nobilitante, serve in realtà a giustificare l'assenza di diritti lavorativi basilari: nessun contratto regolare, nessuna retribuzione diretta, nessun limite di orario, nessuna tutela in caso di malattia o infortunio. Le religiose, pur svolgendo le stesse mansioni dei colleghi laici, si trovano in una condizione di sostanziale invisibilità professionale.

Le conseguenze di questo sistema si rivelano particolarmente gravose nel lungo periodo. L'assenza di contributi previdenziali e l'impossibilità di una minima disponibilità di risorse personali creano una condizione di totale dipendenza economica dall'istituzione.

La vulnerabilità, poi, non è solo economica, ma anche professionale e sociale. Gli anni di lavoro formalmente non riconosciuto creano un vuoto nel curriculum che rende davvero difficile il reinserimento nel mondo del lavoro. A questo si aggiunge la sfida di doversi reintegrare in un contesto sociale da cui si è rimaste isolate per anni, spesso dovendo ricostruire da zero la propria rete di relazioni e supporto.

Dal punto di vista economico, questo sistema garantisce alle istituzioni ecclesiastiche notevoli risparmi e un vantaggio competitivo significativo rispetto ad altre strutture. Il lavoro non retribuito delle religiose permette di mantenere servizi a costi ridotti, generando profitti che non vengono redistribuiti alle lavoratrici.

La riforma di questo sistema richiede interventi su più fronti. È necessario innanzitutto un riconoscimento giuridico del lavoro religioso, con l'introduzione di tutele contrattuali e previdenziali equiparate a quelle dei lavoratori laici. Servono regolamentazioni chiare sugli orari di lavoro, sul diritto a ferie e riposi, sulla formazione professionale continua. È fondamentale garantire alle religiose una forma di autonomia economica, con la possibilità di gestire i propri guadagni e accantonare risorse per il futuro.

La trasparenza nella gestione delle attività economiche delle istituzioni religiose deve allora diventare un requisito imprescindibile, con una chiara separazione tra aspetto religioso e professionale e la possibilità di controlli esterni sulle condizioni di lavoro.

Questa situazione non rappresenta solo una violazione di diritti individuali, ma si configura come una forma di sfruttamento sistemico che perpetua disuguaglianze di genere e consolida dinamiche di potere all'interno delle istituzioni. La vocazione religiosa non dovrebbe mai diventare uno strumento per negare diritti fondamentali e dignità professionale. È tempo di riconoscere che il lavoro delle religiose è lavoro a tutti gli effetti e come tale deve essere tutelato, rispettato e adeguatamente riconosciuto.

Tutto ciò solleva questioni etiche profonde. Come può la Chiesa, che predica giustizia sociale e dignità del lavoro, giustificare lo sfruttamento sistematico delle sue stesse religiose? Come può parlare di uguaglianza e rispetto per le donne quando perpetua un sistema che le sfrutta e le sottomette?

La dinamica, come abbiamo visto in precedenza per le superiori che guidano grandi missioni, si riflette, anche in questi casi, nel modo in cui le capacità e le competenze delle suore vengono spesso sottovalutate o ignorate. Molte religiose hanno alti livelli di istruzione e competenze professionali specifiche, eppure si trovano relegate a ruoli subalterni o di servizio. Una suora dichiara di avere «conosciuto delle suore in possesso di un dottorato in Teologia che dall'oggi all'indomani sono state mandate a cucinare o a lavare i piatti, missione priva di qualsiasi nesso con la loro formazione intellettuale e senza una vera spiegazione».[28] La sottovalutazione sistematica non solo è ingiusta nei confronti delle singole suore, ma rappresenta anche uno spreco di risorse e talenti per la Chiesa e la società in generale dove esse operano per il bene comune.

I casi di Gloria e Samuelle, per esempio, mostrano come le loro capacità artistiche siano state sfruttate da Rupnik senza alcun riconoscimento.

Samuelle ha raccontato:

> Rupnik non mi ha mai chiesto direttamente di fare il tempo pieno, ma lo suggeriva continuamente: «Non puoi imparare così, devi stare sempre sui cantieri, devi imparare l'arte, la nostra metodologia, il nostro modo di fare, la dinamica del gruppo». Era una cosa presentata come necessaria e realistica. Quando sono passata a tempo pieno nel settembre 2010, diventando «una del Centro Aletti», stavo benissimo. Era una nuova vita per me, lasciavo la congregazione dove stavo male per un contesto artistico che mi piaceva. Lui ha iniziato a farmi molti complimenti. Già me ne faceva prima, ma in quel periodo ancora di più. Mi diceva che imparavo bene, che ero brava, che avevo talento. Questo ha avuto un peso nella mia decisione di chiedere di integrarmi di più nel Centro Aletti.

Intanto però veniva sfruttata, e il suo lavoro, così come il suo contributo artistico, rimaneva sommerso.

Gloria invece ha raccontato di avere aiutato Rupnik nella creazione delle opere per le cappelle della Comunità Loyola, ricevendo confidenze intime che sono all'origine della sua ispirazione artistica e non solo, anche di quella teologica e spirituale. Eppure, anche il suo contributo è rimasto nell'ombra, mentre Rupnik godeva di fama e riconoscimento mondiali.

Una battaglia «politica» su molti fronti

Durante il Concilio Vaticano II (1962-1965), nella Chiesa si era acceso un dibattito sul ruolo delle donne, in particolare delle religiose, che aveva suscitato grandi speranze di rinnovamento. Ci furono alcuni segnali incoraggianti, come l'invito di donne come uditrici, seppure senza diritto di voto o di parola. Nei documenti conciliari si affermava l'uguale dignità di uomini e donne e si condannava ogni forma di discriminazione basata sul sesso. Tuttavia, nella pratica, i cambiamenti concreti furono molto limitati. Le strutture di potere rimasero saldamente in mano maschile e clericale, con le religiose in una posizione ancora più subordinata di prima. E la delusione portò paradossalmente a una situazione peggiore per molte di loro: avendo sperato in un cambiamento che non si è materializzato, si ritrovarono a dovere accettare una subordinazione che ora appariva ancora più marcata e ingiustificata alla luce delle promesse non mantenute del Concilio. Questa situazione ha contribuito, nei decenni successivi, a una crisi delle vocazioni femminili in molti Paesi occidentali e a una crescente frustrazione tra le religiose, che si sentivano non riconosciute e valorizzate nel loro servizio alla Chiesa.

E anche nell'ottobre 2023, durante la seconda sessione della XVI Assemblea generale ordinaria del sinodo dei vescovi, sono filtrati forti malumori durante i lavori riguardo alla questione del ruolo delle donne nella Chiesa. Il sinodo dei vescovi, organismo episcopale consultivo istituito da Paolo VI nel 1965, poco prima della conclusione del Concilio, era stato progressivamente diluito e allargato a preti e laici (donne comprese, dunque). Ma proprio le partecipanti al sinodo ritengono che si sia «congelato ogni cammino di riflessione sul diaconato femminile in questo pontificato».

Pur avendo costituito due commissioni, nel 2016 e nel 2020, per studiare la questione del ruolo delle donne nella

Chiesa, e con la relazione finale del sinodo di ottobre 2023, in cui i vescovi hanno chiesto di continuare a portare avanti «la ricerca teologica e pastorale sull'accesso delle donne al diaconato, giovandosi dei risultati delle commissioni appositamente istituite dal Santo Padre e delle ricerche teologiche, storiche ed esegetiche già effettuate», a sorpresa il papa ha chiuso a questa possibilità il 24 aprile 2024 in un'intervista alla rete statunitense Cbs, riportata da «Open»:

> «Se si tratta di diaconi con gli ordini sacri, no» ha risposto senza esitazioni papa Francesco alla domanda della giornalista. «Ma le donne hanno sempre avuto, direi, la funzione di diaconesse senza essere diaconi, giusto?» ha poi aggiunto il pontefice. Secondo Francesco, «le donne sono di grande servizio» alla Chiesa cattolica. Ma proprio in quanto donne e non, ha precisato il pontefice, «come ministri». Le donne, ha poi continuato Bergoglio, «sono più coraggiose degli uomini» e «sanno come proteggere meglio la vita». Eppure, «fare spazio alle donne nella Chiesa non significa dare loro un ministero».
> Le parole pronunciate nell'intervista a Cbs rappresentano la chiusura più netta mai arrivata da papa Francesco sulla questione.[29]

Papa Francesco ha poi ribadito il concetto sul ruolo della donna ad Antonio Spadaro su «La Civiltà Cattolica»:

> Ripeto spesso che la Chiesa è donna. Vedo la donna nel cammino dei carismi, e non voglio limitare il discorso del ruolo della donna nella Chiesa al tema del ministero. Poi, in generale, maschilismo e femminismo sono logiche di «mercato». In questo tempo sto cercando sempre di più di far entrare le donne in Vaticano con ruoli di responsabilità sempre più alta. E le cose stanno cambiando: lo si vede e lo si sente. La vicegovernatrice dello Stato è una donna. Poi il dicastero per

> lo Sviluppo umano integrale ha anch'esso come vice una donna. Nell'«équipe» per la nomina dei vescovi ci sono tre donne, e da quando ci sono loro che selezionano i candidati, le cose vanno molto meglio: sono acute nei loro giudizi. Nel dicastero per i Religiosi la vice è una donna. La vice del dicastero per l'Economia è una donna. Le donne, insomma, entrano in Vaticano con ruoli di alta responsabilità: proseguiremo su questa strada. Le cose funzionano meglio di prima.[30]

La lotta contro lo sfruttamento lavorativo delle suore, quindi, non può essere separata dalla più ampia battaglia per l'uguaglianza di genere. È una battaglia che richiede l'impegno non solo delle dirette interessate, ma di tutti coloro che credono in una società più giusta ed equa.

Le storie di Gloria, Samuelle, Mirjam, Pia, Klara e delle altre vittime di abusi e di sfruttamento non sono solo una denuncia di casi individuali, ma un grido d'allarme che rivela problemi sistemici profondi. Problemi che richiedono una risposta altrettanto profonda e sistemica.

Le suore, come tutte le donne, meritano rispetto, dignità e riconoscimento per il loro lavoro. È affrontando apertamente e risolutamente anche il problema dello sfruttamento lavorativo che la Chiesa potrà veramente onorare il messaggio di giustizia e uguaglianza che predica.

Il cammino sarà sicuramente lungo. La Chiesa, come molte istituzioni secolari e di potere, tende a resistere al cambiamento, soprattutto quando questo minaccia strutture di potere consolidate. Tuttavia, la crescente consapevolezza e l'emergere di sempre più voci che denunciano queste ingiustizie sono segni di speranza che vanno colti ed evidenziati.

Le suore stesse stanno iniziando a organizzarsi e a fare sentire la propria voce. Nel 1965, per esempio, è nata l'Unione internazionale delle superiore generali (Uisg), un'organizzazione che riunisce le leader di congregazioni femminili di tutto il mondo. Attualmente, si contano 1903 superiore, in rappresentanza di altrettante congregazioni. I loro generalati si trovano in Africa (166), Asia (184), Europa (1046), Americhe (479) e Oceania (28) e hanno come obiettivo la costruzione di ponti e lo sviluppo di reti, al fine di creare nuove strategie che permettano alle religiose di comunicare al di là di distanze geografiche e differenze linguistiche e culturali, così da essere in comunione le une con le altre e costruire insieme una comunità globale.

L'Uisg ha iniziato a sollevare questioni importanti, tra cui proprio quella dello sfruttamento lavorativo delle suore, portando questi temi all'attenzione dei vertici della Chiesa attraverso le loro voci unite. E la loro *mission* è estremamente chiara in questo senso:

> Tramite le nostre iniziative a più livelli e all'interno del nostro servizio di leader congregazionali, vogliamo promuovere una più ampia e profonda conoscenza della vita religiosa femminile, in tutta la sua complessità ed eterogeneità. Metteremo in risalto la ricchezza dei vari carismi che ispirano le congregazioni. Dimostreremo come la diversità riesca a fiorire all'interno di differenze di carattere culturale, di punti di vista, esperienze e capacità eterogenee. Condivideremo storie di cura e tenerezza, valori che le suore offrono quotidianamente a chi le circonda, spesso anche in contesti assai complessi.

Anche all'interno del mondo ecclesiastico ci sono voci che chiedono un cambiamento. Alcuni teologi progressisti stanno iniziando a riconoscere l'urgenza di affrontare la questione dello sfruttamento delle suore e, più in generale, del ruolo della donna nella Chiesa. Queste voci, seppure ancora minoritarie, sono fondamentali per aprire un dibattito interno chiedendo un maggiore riconoscimento del contributo delle donne e una loro maggiore inclusione nei processi decisionali.

Papa Francesco ha compiuto significativi progressi nell'affidare a figure femminili ruoli di grande responsabilità all'interno della Chiesa. Due nomine recenti testimoniano questa direzione: a ottobre 2024, suor Rebecca Nazzaro è stata designata responsabile dell'ufficio per la Pastorale del pellegrinaggio del Vicariato di Roma, mentre il 6 gennaio 2025 suor Simona Brambilla è diventata prefetto del Dicastero per gli istituti di vita consacrata e le società di vita apostolica. Di particolare rilevanza è l'anticipazione della nomina di suor Raffaella Petrini a governatrice dello Stato della Città del Vaticano, annunciata per marzo 2025. Petrini, che attualmente ricopre il ruolo di segretario generale del Governatorato dal novembre 2021, è stata oggetto di un'importante dichiarazione da parte del pontefice durante l'intervista con Fabio Fazio nel programma Che tempo che fa? sul Nove, il 19 gennaio 2025, quando ha affermato che

> il lavoro delle donne nelle curie è una cosa che è andata lentamente e si è compresa bene. Adesso ne abbiamo tante. Per esempio, per scegliere i vescovi: nella Commissione ci sono tre donne che scelgono i nuovi vescovi. Nel Governatorato, la vicegovernatrice, che diventerà governatrice a marzo, è una suora. Nel dicastero per l'Economia una vice è una suora che ha due lauree. Le donne sanno fare meglio di noi.

Tuttavia, questi cambiamenti al vertice non si sono ancora tradotti in un miglioramento significativo delle condizioni di vita e di lavoro delle religiose «di base».

Un altro aspetto da considerare è come lo sfruttamento lavorativo delle suore si inserisca nel più ampio contesto della globalizzazione e delle migrazioni. Molte congregazioni religiose, soprattutto in Europa e Nord America, stanno affrontando una crisi vocazionale e un invecchiamento dei loro membri. Per fare fronte a questa situazione, molte ricorrono al reclutamento di suore da Paesi in via di sviluppo, soprattutto dall'Africa, dall'Asia e anche dall'America Latina.

Queste suore «migranti» si trovano spesso in una situazione di particolare vulnerabilità. Non conoscono la lingua e la cultura del Paese in cui vengono inviate, sono lontane dalle loro reti di supporto familiare e comunitario, e spesso non sono consapevoli dei loro diritti nel nuovo contesto. Molte, poi, si trovano in situazioni di «debito» perché dietro di loro ci può essere «una madre malata le cui cure sono state pagate dalla congregazione della figlia religiosa, un fratello maggiore che ha potuto compiere i suoi studi in Europa grazie alla superiora».[31] Questa situazione le rende facili bersagli di sfruttamento, sia all'interno delle loro congregazioni sia nelle istituzioni in cui vengono mandate a lavorare.

È necessario, quindi, affrontare anche questa dimensione internazionale del problema, garantendo che le suore «migranti» ricevano un'adeguata preparazione prima di essere inviate all'estero, che siano informate dei loro diritti, e che ci siano meccanismi di supervisione e protezione per prevenire abusi.

La questione dello sfruttamento lavorativo delle suore, poi, solleva anche ulteriori questioni legali. In molti Paesi, compresa l'Italia, il lavoro delle religiose galleggia in una zona grigia dal punto di vista giuridico. Non essendo considerato un rapporto di lavoro tradizionale, sfugge spesso alle normative sul lavoro e alla supervisione delle autorità competenti.

Una mancanza di chiarezza che crea un vuoto normativo e facilita lo sfruttamento. Le suore si trovano spesso prive delle tutele basilari garantite a qualsiasi altro lavoratore: diritti sindacali, limiti all'orario di lavoro, ferie, malattia, contributi previdenziali. In pratica, sono lavoratrici senza diritti.

Alcuni Paesi hanno già iniziato ad affrontare tale questione. In Francia, per esempio, una legge del 1978 aveva già stabilito che le congregazioni religiose devono versare contributi previdenziali per i loro membri, garantendo loro una pensione minima. Tuttavia, l'applicazione di questa legge rimane tuttora problematica e molte religiose continuano a trovarsi in situazioni di precarietà economica.

In Italia, la situazione è ancora più complessa. Non esiste una legislazione specifica che regoli il lavoro delle religiose, lasciando tutto alla discrezione delle singole congregazioni o delle istituzioni per cui le suore lavorano.

È necessario allora un intervento legislativo che chiarisca lo status lavorativo delle religiose e garantisca loro le tutele fondamentali. Questo non solo proteggerebbe le suore dallo sfruttamento, ma contribuirebbe anche alla valorizzazione del loro lavoro, riconoscendone l'importanza sociale ed economica.

E la società civile ha un ruolo cruciale da giocare. I media, le organizzazioni per i diritti delle donne e i sindacati possono e devono fare pressione sulla Chiesa affinché affronti il problema. Allo stesso tempo, è importante sostenere e amplificare le voci delle religiose che hanno il coraggio di denunciare gli abusi e chiedere giustizia.

L'educazione e la sensibilizzazione sono strumenti fondamentali in questa lotta. È necessario fare conoscere la realtà dello sfruttamento lavorativo delle suore, sfatare i miti e gli stereotipi che lo circondano, e promuovere una cultura di rispetto e valorizzazione del lavoro femminile, sia all'interno sia all'esterno della Chiesa.

È importante sottolineare che la lotta contro lo sfruttamento lavorativo delle suore non è in contraddizione con i valori di servizio e dedizione che sono al cuore della vocazione religiosa. Al contrario, garantire condizioni di lavoro dignitose e rispettose permette alle religiose di vivere più pienamente la loro vocazione, libere da preoccupazioni materiali e da dinamiche di sfruttamento che minano la loro dignità e il loro benessere.

In questo senso, il caso di Rupnik, con tutte le sue ramificazioni, può essere visto come un punto di svolta. Ha portato alla luce non solo gli abusi sessuali e psicologici, ma anche le dinamiche di sfruttamento lavorativo che spesso li accompagnano. E ha mostrato come questi diversi aspetti siano interconnessi, parte di un sistema più ampio di oppressione e sfruttamento.

E ha anche il «merito» di avere fatto emergere il coraggio delle vittime che, dopo anni o decenni di silenzio, hanno trovato la forza di parlare. Le loro voci, le loro storie, sono un potente atto di resistenza e un richiamo all'azione. Ci ricordano che dietro le statistiche e le analisi ci sono persone reali, vite segnate da abusi e ingiustizie, ma anche dotate di una resilienza e una forza straordinarie.

Ogni voce che si alza, ogni storia che viene raccontata, ogni piccolo passo verso il cambiamento è prezioso.

«Tu devi denunciare.»

«Non posso.»

«Devi farlo, devi renderti libera.»

«Ma io fuori da lì, fuori dal convento, dove vado?»

«Questo, io non lo so.»

«E non lo so neppure io.»

12

Tra silenzio e riforma: la Chiesa alla prova degli abusi

> Le nostre vite cominciano a finire il giorno in cui stiamo zitti di fronte alle cose che contano.
>
> Martin Luther King

La Chiesa del silenzio

«Chiesa del silenzio» è un'espressione usata, specialmente in passato, per indicare la condizione della Chiesa in alcuni Paesi a regime totalitario, nei quali non esiste né il riconoscimento della religione, né la libertà di culto.

È la Chiesa che ha subito martirio, perché Dio, in certi regimi, non era benvoluto, così come coloro che professavano fede in Lui. Perciò i regimi utilizzavano le carceri, le torture, i processi, la repressione selvaggia e ostentata: bisognava punirne uno per educarne cento.

Ma io, piuttosto che della Chiesa del silenzio, vorrei parlare del silenzio della Chiesa. Un silenzio rumoroso, permeato di potere.

La cultura del silenzio rappresenta un elemento strutturale della gestione delle crisi in Vaticano e nella Chiesa, un meccanismo, consolidato nei secoli, che ha creato un sistema impenetrabile di autoprotezione istituzionale.

È una regola millenaria non scritta quella del silenzio, ma che è talmente radicata da essere diventata più forte delle regole del diritto positivo. Chi tace non può essere smentito.

Questa prassi, ben lontana dall'essere una semplice reticenza comunicativa, si configura come una vera e propria strategia di comunicazione e azione, un *modus operandi* che permea ogni livello della gerarchia ecclesiastica, dalla curia romana fino alle più piccole istituzioni ecclesiali.

Queste silenziose abitudini di autotutela, poi, sono proprie anche dello Stato Vaticano.

Le dinamiche interne di questo sistema, per esempio, si rispecchiano perfettamente nella storia di Emanuela Orlandi. La scomparsa, risalente al 1983, della quindicenne cittadina vaticana ha dato origine a uno dei più oscuri misteri italiani, caratterizzato da depistaggi, mezze verità e ostinati silenzi da parte delle autorità. Infatti, le richieste di chiarimenti, avanzate agli organi vaticani dalla famiglia e da me come legale, si sono sistematicamente infrante contro un muro di resistenza istituzionale che ha assunto varie forme: dalla negazione di accesso ai documenti al rifiuto di testimonianze chiave, fino alla minimizzazione dell'intera vicenda e agli attacchi delegittimanti nei confronti di chi cerca la verità. Proprio in quest'ottica malsana, Pietro Orlandi è stato accusato in mondovisione di avere dato del pedofilo a Giovanni Paolo II, e in questo calderone di nefandezze ci sono finita tirata per la giacchetta pure io. È stata fatta macelleria della vita della famiglia Orlandi, dimenticando che le vittime sono solo i familiari e nessun altro può arrogarsi questo titolo in una situazione così drammatica.

Questo muro di gomma si è eretto con modalità simili anche nel caso del giovane vicecaporale della Guardia svizzera pontificia Cédric Tornay. Il ritrovamento dei corpi di Cédric, del comandante Alois Estermann e di sua moglie Gladys Meza Romero nel maggio 1998 nell'appartamento del comandante Estermann ha sollevato interrogativi mai completamente risolti. La versione ufficiale del «duplice omicidio-suicidio», fornita dal direttore della sala stampa della Santa Sede, Joaquín Navarro-Valls, dopo un'indagine sorprendentemente rapida – durata appena poche ore – lascia irrisolti numerosi punti oscuri.[1] Anche in questo caso, le mie richieste di approfondimento investigativo si sono scontrate con un'opposizione sistematica, caratterizzata da dinieghi immotivati e dalla sparizione di prove fondamentali, come se ci fossero «forze e interessi sottostanti che si oppongono incessantemente alla ricerca della verità».[2]

Sono passati ventisei anni da quel tragico evento, eppure Muguette Baudat, la coraggiosissima madre di Cédric Tornay, forte come la roccia e dolce come la cioccolata, non solo non ha ancora ricevuto giustizia, ma non ha neppure avuto copia del fascicolo. Non ha mai visto una foto del luogo in cui il figlio è morto né quella dell'ultima espressione che aveva sul volto quando se n'è andato.

Silenzio, pure davanti al dolore di una madre che piange un figlio morto assassinato.

Nel suo rapporto del 1998 su abusi e aborti in Africa, già citato nel capitolo 1, suor Marie McDonald parlava di una «cospirazione del silenzio» che, come una coltre soffocante, avvolge questa piaga nascosta della Chiesa.

> A marzo [1998] ho tenuto una relazione ai vescovi delle Conferenze episcopali d'Africa e del Madagascar sui problemi che si pongono alle congregazioni religiose. La violenza sessuale nei confronti delle suore era uno dei principali. Siccome la maggior parte di quello che presentavo era basato su relazioni provenienti da congregazioni diocesane e dalle Conferenze delle superiori maggiori in Africa, ero convinta dell'autenticità di ciò che stavo dicendo. Ma i vescovi sentirono come sleale da parte delle suore l'aver inviato queste relazioni fuori dalla loro diocesi e dissero che le suore avrebbero dovuto rivolgersi al loro vescovo diocesano per questi problemi. Questo sarebbe stato e sarebbe l'ideale. Tuttavia le suore sostengono di averlo tentato più e più volte. Talvolta non sono

> state ben accolte. In alcuni casi sono state accusate per ciò che era successo. Anche quando vengono ascoltate con grande comprensione, non sembra che venga fatto alcunché.

La «verità illumina l'intelligenza e informa la libertà dell'uomo»[3] scriveva Giovanni Paolo II, ma molto spesso il cuore stesso della Chiesa, o lo Stato della Città del Vaticano, governato dal papa, che è anche il capo della Chiesa cattolica, diventa il luogo dove la verità viene oscurata, e il silenzio si fa più denso e impenetrabile. Per alcuni casi, l'extraterritorialità vaticana, nata per garantire l'indipendenza dello Stato, si trasforma paradossalmente in uno strumento per evitare controlli e responsabilità. Non si tratta di un silenzio passivo o di una semplice assenza di comunicazione, ma di qualcosa di attivo e oppressivo, che aderisce e soffoca ogni tentativo di ricerca della verità. È un silenzio che parla, che si nutre di se stesso autoalimentandosi, che genera ulteriori strati di segretezza e che finisce per creare una vera e propria cultura dell'occultamento, che ha diffusione larghissima.

Strati e strati di silenzio, che diventano inossidabili e invalicabili.

Il sistema, infatti, si avvale di una rete di complicità e obbedienze estesa a tutti i livelli, in maniera verticale e orizzontale: dal più alto prelato all'ultimo impiegato, tra gendarmi e commilitoni, tra confratelli e colleghi, si attiva una catena di silenzi che rende praticamente impossibile ricostruire la verità dei fatti. La lealtà all'istituzione viene anteposta a qualsiasi altra considerazione, creando un meccanismo dove il silenzio diventa forma di protezione reciproca. Si è leali per più motivi: perché si è fedeli, perché si è obbedienti, per opportunismo o anche perché si è ricattati. In ogni caso, questa lealtà ha fatto il voto del silenzio.

Ma non si tratta solo di omertà, ma di un vero e proprio metodo di gestione del potere che ha nel controllo dell'informazione il suo principio cardine. Chi spezza questa catena del silenzio viene isolato in maniera brutale e sistematicamente delegittimato.

Va però detto che il silenzio e la discrezione, se ben usati, possono portare anche a grandi risultati, alla risoluzione dei problemi in modo veloce e deciso senza creare scandalo. Papa Francesco all'udienza del 21 dicembre scorso alla curia romana, parlando a braccio, ha detto: «Quando uno vede un difetto in una persona, soltanto può parlare con tre persone: con Dio, con la persona e, se non può parlare con la persona, con quello che nella comunità può prendere cura di quello. E niente di più».[4]

Ma, seguendo il ragionamento del pontefice, che succede se il superiore, davanti a una chiara richiesta di aiuto, invece di intervenire, si gira dall'altra parte e resta in silenzio?

Con Gloria, per esempio, è avvenuto così. E quel silenzio è durato per trent'anni.

Le implicazioni di questa cultura del silenzio purtroppo sono profonde e si estendono ben oltre i singoli casi. Creano un danno permanente alla credibilità dell'istituzione stessa e, soprattutto, provocano ferite che non si rimarginano in chi le subisce e nelle famiglie delle vittime. Nel caso Orlandi, più di quarant'anni di silenzi hanno moltiplicato il dolore originario della scomparsa, calcificando cicatrici sempre più profonde e visibili. Per Muguette Baudat, che assisto legalmente, l'impossibilità di accedere a una verità plausibile sulla morte di suo figlio ha trasformato il lutto in un ergastolo ostativo, alimentato da domande che non trovano risposta e da incongruenze mai chiarite.

Il paradosso più evidente è che questa azione del silenzio viene giustificata in nome della protezione dell'istituzione, ma finisce per danneggiarla profondamente. La mancanza di trasparenza mina la fiducia dei fedeli e alimenta teorie complottistiche che spesso si rivelano più dannose della verità che si cerca di occultare. Il tentativo di proteggere l'immagine della Chiesa attraverso il silenzio produce perciò l'effetto opposto: ogni nuovo caso di insabbiamento erode ulteriormente la credibilità dell'istituzione, creandole inutile discredito.

Le conseguenze di questo sistema sono particolarmente evidenti anche nel rapporto tra il Vaticano e la giustizia italiana. La sovranità dello Stato della Città del Vaticano all'occorrenza viene utilizzata come scudo per evitare collaborazioni investigative efficaci. Le rogatorie internazionali si scontrano con resistenze burocratiche apparentemente insormontabili, i documenti richiesti risultano irreperibili o improvvisamente coperti da segreto, i testimoni diventano irraggiungibili o, quando parlano, forniscono versioni palesemente concordate. L'apparato giuridico vaticano, invece di essere strumento di giustizia, diventa troppo spesso mezzo di protezione per chi detiene il potere.

La cultura del silenzio che ho incontrato nei casi Orlandi e Tornay rispecchia quella che caratterizza ulteriormente diversi ambiti della vita vaticana o ecclesiale. Come avvocato, mi sono trovata ripetutamente di fronte a quello che ho definito «un muro di gomma che si erge ogni volta che l'istituzione si sente minacciata, un silenzio nero come la pece che soffoca ogni richiesta di verità».[5] È un sistema che si replica identico in ogni situazione critica, come se esistesse un protocollo non scritto ma perfettamente interiorizzato.

Ultimamente, per esempio, il Vaticano ha finalmente ammesso che esiste un fascicolo su Emanuela Orlandi, che Pietro Orlandi e io inseguiamo dal 2017 e la cui esistenza era sempre stata negata. Il comandante Domenico Giani, ex capo della Gendarmeria vaticana lo ha ammesso audito in Commissione di inchiesta parlamentare il 21 novembre 2024. Qualche giorno dopo, il promotore di giustizia vaticano si è premurato di aggiungere, confermando il fatto, a margine della presentazione di un libro, che il dossier è strettamente riservato e che, se la Commissione volesse entrare in possesso dei documenti, dovrebbe farne richiesta attraverso una rogatoria, perché c'è una sovranità che va rispettata.[6]

Sì, certo.

In questi casi, ma anche in altri che ho avuto modo di analizzare, ho potuto osservare un elemento costante: la gestione del tempo come strumento di potere. La giustizia canonica e quella vaticana utilizzano sistematicamente la dilazione temporale per scoraggiare le richieste di verità. Le risposte alle istanze legali arrivano con ritardi strategici (a volte anche con una «puntualità» anch'essa strategica: richieste di audizione fissate all'ultimo momento, poco tempo per preparare memorie, regole ferree per visionare documentazioni, impossibilità di avere copia degli atti e scadenze improrogabili per produzioni proprie); e le procedure si prolungano indefinitamente, i rinvii si moltiplicano senza apparente giustificazione.

Un aspetto violento di questo sistema è l'uso della delegittimazione personale come strumento di difesa istituzionale. Chi cerca la verità viene spesso additato come «nemico della Chiesa», le sue motivazioni vengono messe in dubbio, la sua credibilità viene minata attraverso insinuazioni sottili ma persistenti.

La pervasività di questo silenzio si manifesta poi anche nel modo in cui vengono gestiti i documenti. Ho purtroppo incontrato molte difficoltà in alcuni casi delicati che seguo: archivi che diventano improvvisamente inaccessibili, documenti che scompaiono, registri che risultano incompleti proprio nelle parti più rilevanti, modalità di consultazione assurdamente complesse che, in occasioni vissute in maniera diretta da me come avvocato, infrangono il diritto di difesa dei miei assistiti e il mio a svolgere la professione. Ricordo ancora quella prima giornata surreale a visionare il fascicolo per il caso di Cédric Tornay, la più umiliante della mia vita professionale: non mi davano diritto di copia del fascicolo né potevo registrare o videoregistrare ciò che consultavo, ma potevo solo prendere appunti, concordando con i gendarmi che vigilavano su di me ciò che si poteva e ciò che non si poteva fare. «Una contrattazione sistematica ed estenuante».[7] Quel giorno, me ne andai via piangendo dalla rabbia.

Ancora oggi non sono stata autorizzata a estrarre copia del fascicolo, ma c'è una mia ulteriore richiesta pendente, nella quale confido. Intanto, da quella iniziale sono passati sei anni, e ventisei da quando Cédric Tornay è morto.

Il concetto di eternità, tanto caro alla Chiesa, mal si concilia con chi cerca verità e giustizia.

Non si tratta di coincidenze, è evidente, ma di un sistema di controllo dell'informazione organizzato.

Questo «silenzio documentale» si accompagna a quello che definirei un «silenzio gerarchico»: ogni livello rimanda al livello superiore, in una catena di responsabilità che non mette mai un punto finale. Come avvocato, mi sono trovata spesso in un labirinto di rimandi dove nessuno sembra avere l'autorità – o il coraggio – di fornire risposte definitive.

«Originale» è a volte la gestione dei testimoni: persone che potrebbero fornire informazioni cruciali diventano improvvisamente irreperibili, vengono trasferite in sedi lontane o, quando parlano, offrono versioni evidentemente concordate. È un silenzio che si estende alle persone, che le avvolge e le condiziona.

Inevitabilmente, in questo humus proliferano, poi, maldicenze e leggende metropolitane. Racconti e narrazioni che forse sono ben peggiori della realtà, che non c'è neppure modo di fermare. E in questa confusione irriducibile vince chi la verità non la vuole.

Questo «muro di gomma», infine, ha anche una dimensione temporale: il silenzio viene utilizzato strategicamente, alternando lunghi periodi di totale chiusura a brevi momenti di apparente apertura. È una tattica che ho imparato a riconoscere: le rare concessioni di trasparenza servono più a placare momentaneamente le pressioni esterne che a garantire un reale accesso alla verità.

La stampa spesso gioca un ruolo cruciale. Quando c'è alta attenzione mediatica su un caso, chi è sotto pressione apre un'anta di una finestrella, ma lascia il portone comunque sempre serrato. Quando cala l'attenzione, l'anta della finestrella viene frettolosamente richiusa.

Insomma, così come già detto del carisma all'inizio del capitolo 1, anche il silenzio si «manifesta in molti modi differenti» ed è qualcosa che «esercita un'influenza profonda sugli individui e sulle comunità».

Vado così ad aggiungere una nuova voce, «silenzio», a questa sorta di vocabolario universale, le cui definizioni, però, si somigliano un po' tutte. Spero possa accadere lo stesso anche con «riforma» e «cambiamento».

Il cammino delle riforme nella Chiesa cattolica

Il processo di riforma interno della Chiesa cattolica in risposta agli abusi ha vissuto un momento significativo nel 2019, con il *motu proprio* di papa Francesco, *Vos estis lux mundi*. Questo documento, che ha ampliato la normativa sugli abusi includendo specificamente le religiose tra le vittime vulnerabili, sembrava segnare un punto di svolta nella lotta contro gli abusi di potere all'interno della Chiesa. Il testo introduceva procedure più stringenti e tempi definiti per le indagini, stabilendo anche responsabilità precise per i superiori che non denunciano gli abusi. Tuttavia, il caso Rupnik ha evidenziato come l'implementazione pratica di queste riforme continui a incontrare resistenze importanti a vari livelli della gerarchia ecclesiastica, e illustra perfettamente il divario tra le riforme annunciate e la loro attuazione. Quando nel 2021 diverse vittime, tra cui Gloria, furono chiamate a testimoniare per l'indagine preliminare al dicastero per la Dottrina della Fede, si trovarono di fronte a un sistema che, nonostante le riforme, continuava a privilegiare la protezione dell'istituzione rispetto alla giustizia per le vittime. Le procedure, apparentemente rinnovate, mostravano nella pratica le stesse criticità del passato: tempistiche dilatate, mancanza di trasparenza, comunicazioni insufficienti con le vittime. Come ha scritto proprio Gloria nella sua lettera rimasta senza risposta: «Ho necessità di sapere, credo legittima, dopo tanta sofferenza, se la Chiesa considera padre Rupnik un maestro attendibile».

In merito, ci viene in soccorso Samuelle: mentre un giorno conversavamo della vicenda Rupnik, mi parlò del «comportamento schizofrenico della Chiesa». Le domandai perché usasse quel termine così forte. Samuelle ha una eccellente padronanza della lingua italiana, e non aveva scelto a caso l'aggettivo «schizofrenico». Mi rispose che era stata la Chiesa a cercare le vittime dopo molti anni dagli abusi perché rendessero testimonianza contro Rupnik, costringendole a ripercorrere le violenze, a rivivere quel dolore, riaprendo ferite mai fino in fondo rimarginate. Poi, dopo avere fatto rivivere gli abusi alle vittime, la Chiesa le aveva abbandonate di nuovo, senza che avessero ottenuto giustizia.

«Non è un comportamento schizofrenico, questo?»

Diedi ragione alla mia fogliolina d'acciaio. Non mi venne in mente nessun altro aggettivo migliore di quello per inquadrare il comportamento della Chiesa.

Samuelle, come le altre ragazze coraggiose, era stata già chiamata per rendere testimonianza. Mio tramite, tutte hanno poi presentato, nell'aprile del 2024, i libelli delle parti lese al dicastero per la Dottrina della Fede, senza però ricevere alcun cenno di risposta.

Silenzio e assenza assoluta di trasparenza.

La questione della trasparenza nei processi canonici rimane particolarmente problematica e rivela le contraddizioni del sistema riformato. Il ruolo dei laici nei processi decisionali e di vigilanza sta emergendo come elemento cruciale per garantire una maggiore assunzione di responsabilità. L'esperienza mostra che il controllo esclusivamente interno alla Chiesa facilita gli insabbiamenti e crea conflitti di interesse difficilmente gestibili. Le testimonianze delle vittime di Rupnik, per esempio, hanno evidenziato come la catena di protezione si sia estesa attraverso diversi livelli gerarchici. Come ha sottolineato Mirjam nella sua testimonianza, «nessuno aiutò Gloria: né la superiora Ivanka Hosta, né le altre sorelle della Comunità. Nemmeno i gesuiti superiori di Rupnik e l'arcivescovo Šuštar». Questa rete di complicità passive e attive sottolinea l'urgenza di includere figure esterne nei processi di vigilanza e decisione.

La formazione del clero, a questo punto, emerge come ambito cruciale di riforma, richiedendo un ripensamento radicale che integri le scienze umane con la teologia. Come evidenziato in molti studi sulla psicologia del potere, le dinamiche autoritative in contesti chiusi possono facilmente degenerare in abusi sistemici. Papa Francesco ha affrontato direttamente questa problematica nella *Lettera al popolo di Dio* del 20 agosto 2018, denunciando il «clericalismo» come radice degli abusi di potere e sottolineando che «la coscienza del peccato ci aiuta a riconoscere gli errori, i delitti e le ferite procurate nel passato e ci permette di aprirci e impegnarci maggiormente nel presente in un cammino di rinnovata conversione». Nel suo discorso alla Pontificia commissione per la tutela dei minori del 5 maggio 2023, il pontefice ha insistito sulla necessità di una formazione che vada oltre gli aspetti tecnici per affrontare le radici spirituali e teologiche degli abusi: «L'incapacità di agire correttamente per fermare questo male e di venire in aiuto alle sue vittime ha deturpato la nostra stessa testimonianza dell'amore di Dio». La manipolazione utilizzata da Rupnik – come l'uso distorto del concetto di Trinità per giustificare comportamenti abusivi – mette in luce una discrasia fondamentale: l'uso distorto dei concetti teologici come strumento di potere e controllo. Tale distorsione richiede un approccio formativo che integri la tradizione teologica patristica sulla direzione spirituale con le moderne acquisizioni della psicologia del trauma e della psicologia sistemico-relazionale. La *Ratio fundamentalis institutionis sacerdotalis* dell'8 dicembre 2016, fortemente voluta da Francesco, ha già indicato questa direzione, sottolineando l'importanza di una «visione integrale della formazione» che unisca dimensione umana, spirituale, intellettuale e pastorale, così come indicato nella esortazione apostolica postsinodale *Pastores dabo vobis* di Giovanni Paolo II del 25 marzo 1992.

Un aspetto ulteriore particolarmente delicato che andrebbe considerato è quello della gestione delle opere d'arte e del patrimonio culturale legato agli abusatori. Nel caso di Rupnik, i suoi mosaici, presenti in luoghi di culto significativi come il Vaticano, Lourdes, Fatima, San Giovanni Rotondo e numerose chiese e edifici religiosi in tutto il mondo, sollevano questioni complesse che vanno oltre la semplice dicotomia tra rimozione e conservazione. L'arte stessa può diventare uno strumento di perpetuazione del trauma quando incorpora elementi simbolici degli abusi subiti. Si è già visto infatti che i mosaici di Rupnik, apparentemente espressione di profonda spiritualità, nascondono secondo alcune vittime riferimenti espliciti alle violenze perpetrate e, comunque, ad atti sessuali.

Ricordiamo, per esempio, quanto già citato da Gloria in precedenza attraverso la sua testimonianza, che riconosce nei mosaici i tratti degli abusi, la figura sempre imponente del Cristo, la mancanza di qualsiasi espressione empatica nel suo viso, gli occhi neri dipinti così perché le pupille dilatate sono segno dell'eccitazione sessuale, la posizione della donna in rapporto a Cristo: molte volte il suo viso è spinto verso la posizione del membro maschile o la sua mano viene presa e collocata sotto la ferita del costato sanguinante che rappresenta in realtà l'atto dell'eiaculazione.

La questione si fa ancora più complessa considerando il valore liturgico e pastorale di queste opere. Non si tratta solo di opere d'arte ma di elementi integrati nella preghiera e nella vita spirituale di intere comunità. Come ha ricordato Gloria in riferimento a Rupnik:

> Molte volte mi ha confidato che la sua arte traeva ispirazione da quello che viveva sessualmente con me, che tutto il suo mondo come sacerdote e teologo era immerso nella dimensione sessuale, anche quella sacramentale eucaristica: durante la celebrazione della messa più volte pensava e riviveva un atto sessuale o ricollegava il calice dell'altare a un atto masturbatorio.

Il dibattito sulla conservazione delle opere d'arte prodotte da abusatori deve quindi tenere conto di molteplici fattori: il rispetto per le vittime, l'impatto sulla comunità dei fedeli, le implicazioni teologiche e pastorali. Come ho potuto constatare personalmente visitando il santuario di Lourdes, dove i mosaici di Rupnik dominano la facciata, l'arte sacra può diventare fonte di ulteriore dolore per le vittime invece che strumento di elevazione spirituale.

La questione si inserisce in un più ampio e animato dibattito sulla possibilità di separare l'opera dall'artista nel contesto dell'arte sacra. A differenza dell'arte secolare, dove questa separazione è più facilmente sostenibile, l'arte liturgica ha una dimensione sacramentale che rende la questione più complessa. Alcuni sostengono che le opere dovrebbero essere rimosse in segno di rispetto per le vittime, altri propongono di mantenerle accompagnandole con spiegazioni che contestualizzino la problematicità del loro autore, altri ancora suggeriscono di trasformarle in memoriali che ricordino gli abusi perpetrati nella Chiesa.

Ma la questione da risolvere nella vicenda Rupnik non sta affatto nel distinguere l'autore dell'opera dall'opera stessa, perché il quesito, così posto, è sbagliato e fuorviante. La questione dirimente, infatti, non è se è possibile o meno scindere l'autore dall'opera, questione che ha scatenato i sostenitori di Rupnik che, per difendere l'artista, hanno tirato in ballo pure Caravaggio e il suo non edificante curriculum. Caravaggio, infatti, che certo è stato un artista straordinario ma non un cittadino esemplare, il 28 maggio 1606, a Roma, dopo avere collezionato un numero significativo di guai con la giustizia, a seguito di una rissa per un fallo durante il gioco della pallacorda, aveva ferito mortalmente Ranuccio Tomassoni da Terni.

Quindi, secondo i sostenitori di Rupnik, se i dipinti di Caravaggio, un assassino, troneggiano ancora adesso nelle chiese, possono pure starci i mosaici di Rupnik, per il quale vale, peraltro, al pari del resto del mondo, la presunzione di innocenza. Rupnik, infatti, a oggi non è stato giudicato colpevole da nessun tribunale.

Potremmo controbattere senza difficoltà, ma, come dicevo, la questione da risolvere è un'altra, e cioè se è possibile scindere l'opera dall'abuso.

Le testimonianze delle vittime rivelano una verità dolorosa: alcuni di quei mosaici furono realizzati in circostanze traumatiche.

Samuelle ha raccontato di essere stata molestata mentre realizzava i mosaici nelle chiese, anche sulle impalcature e indifesa a molti metri da terra; Gloria di avere posato per opere che poi sono state destinate a luoghi sacri e abusata mentre faceva da modella.

Quindi, la vera centratura della questione è: l'opera può essere scissa dall'abuso? La risposta è un secco no, perché l'opera, quale elemento del processo abusante, non può essere scissa dallo stesso.

E a questo punto, l'analogia con Caravaggio può andare, visto che siamo in tema, a farsi benedire.

Io sono convinta, così come lo sono le vittime che assisto, che vadano assolutamente rimosse, come avevo chiesto in una lettera del 28 giugno 2024, indirizzata a tutti i vescovi delle diocesi che ospitano i mosaici:

> Eccellenza Reverendissima,
> rappresento cinque vittime di abusi di padre Marko Ivan Rupnik.
> Le scrivo perché nella Sua diocesi vi sono dei mosaici, realizzati dallo stesso padre Rupnik, che suscitano, non solo nelle mie assistite ma anche in moltissimi fedeli, sentimenti non consoni a un luogo religioso.
> Padre Rupnik, infatti, è accusato da numerose donne di avere loro inflitto abusi spirituali, psicologici, fisici e sessuali, e i suoi mosaici, che si trovano nei luoghi in cui ogni credente si raccoglie in preghiera per avere un contatto con il Padre, destano turbamento nell'animo dei fedeli.
> La questione del separare la vita dell'autore dalle sue opere sappiamo essere assai complessa, per cui fino a questo momento le mie assistite si erano affidate alla volontà di chi avrebbe dovuto decidere in merito. Decisioni che, a oggi, non sono state prese, se non nella diocesi di Washington, che si è risoluta per la rimozione di un mosaico.
> Da ultimo, tuttavia, il sentire comune è cambiato – vi è stata una *reformatio in peius* – per diversi fattori.

Sappiamo che il dicastero per la Dottrina per la fede sta conducendo una sua inchiesta per volontà di papa Francesco.
Le testimonianze raccolte in sede di indagini difensive, anche quelle che vogliono restare anonime, hanno evidenziato un *modus operandi* di padre Rupnik assai diffuso e sistematico, perdurato nel tempo, che ha causato danni irreparabili in molte donne, lacerate nella loro parte più intima, quella in cui si coltiva il rapporto con Dio. Nonostante siano passati degli anni, il trauma che ognuna di loro ha subito non è stato cancellato, e rivive alla presenza di ogni opera di padre Rupnik. Ancora oggi, alcune di loro devono confrontarsi quotidianamente con le conseguenze psicologiche che gli abusi hanno arrecato.
Peraltro, è emerso che durante la realizzazione di alcuni mosaici, almeno una suora ha ricevuto molestie di natura sessuale anche sulle impalcature, mentre partecipava alla messa in opera del mosaico stesso. Questi fatti sono avvenuti in una chiesa, in un luogo consacrato.
Atre suore hanno raccontato di essere state abusate mentre posavano come modelle per le opere di padre Rupnik, anche queste esposte in luoghi sacri.
Questa missiva, sia chiaro, non costituisce un giudizio sulle opere di padre Rupnik, ma solo una riflessione sull'opportunità della loro presenza in posti consacrati e dedicati a Nostro Signore.
Allo stesso modo, la richiesta delle mie assistite non deve tramutarsi in un giudizio anticipato sui fatti addebitati dalle vittime che rappresento a padre Marko. Indipendentemente da ogni procedimento in corso verso l'autore e indipendentemente dall'esito, infatti, quello che si chiede è che prevalgano ragioni di buon senso nel non utilizzare questi mosaici in sedi ecclesiali, senza tener conto del valore artistico di esse, che qui certo non si discute.
Tali opere, infatti, non possono restare ove sono state poste sia per il rispetto nei confronti delle vittime sia per il caratte-

re stesso del luogo di preghiera. Ciò non significa che non possano trovare adeguato spazio altrove, dove, però, non facciano ombra alla spiritualità dei fedeli.

Per tutto quanto premesso, le mie assistite, mio tramite, Le chiedono di rimuovere le opere presenti nella Sua diocesi realizzate da padre Marko Ivan Rupnik, in quanto ricordano una vicenda dolorosa che prevale rispetto al raccoglimento necessario nei luoghi di preghiera.

Con osservanza
Laura Sgrò
Avvocato di cinque vittime di padre Marko Ivan Rupnik

Nel giugno 2024, il nostro appello affinché venissero rimosse le opere di padre Rupnik è stato sostenuto dal cardinale francescano O'Malley, presidente della Pontificia commissione per la tutela dei minori e paladino della lotta agli abusi: «Le opere possono offendere le vittime» ha affermato in una lettera indirizzata ai dicasteri della curia romana, «la prudenza pastorale eviti di esporre le opere d'arte in modo tale da implicare una indifferenza al dolore e alla sofferenza di così tante vittime di abusi».[8]

Tutto ciò è accaduto dopo le dichiarazioni del prefetto della Comunicazione Paolo Ruffini, che aveva invece difeso la conservazione dei mosaici paragonando – anche lui – la situazione a quella delle opere di Caravaggio e invocando il principio cristiano del non giudizio. «In una conferenza stampa ad Atlanta, negli Stati Uniti, ha argomentato così la sua difesa: "Come cristiani ci viene chiesto di non giudicare", aggiungendo che "rimuovere, cancellare, distruggere l'arte non è mai stata una buona scelta".»[9]

Sempre il cardinale O'Malley, anche membro del consiglio di cardinali che affianca il papa, ha preso una posizione netta attraverso una lettera ai dicasteri della curia romana. Pur ribadendo il rispetto della presunzione d'innocenza nell'indagine su Rupnik, ha sottolineato l'importanza di una «saggia pastorale di compassione» verso le vittime di abusi sessuali del clero. Richiamando gli insegnamenti di papa Francesco sulla solidarietà con chi ha subito abusi, O'Malley ha invitato a una profonda riflessione su come la presenza di queste opere possa essere interpretata come indifferenza al dolore delle vittime.

Nonostante questo invito alla riflessione, il sito di informazione vaticana Vatican News continua a utilizzare le immagini dei mosaici di Rupnik per la presentazione delle festività liturgiche.

L'8 dicembre scorso, non è sfuggita ai più attenti l'immagine di un'opera di Rupnik dedicata all'Immacolata Concezione e Vatican News continuerà a utilizzare le immagini dei mosaici di Rupnik per la presentazione delle festività liturgiche anche nel 2025. Quante rappresentazioni alternative potevano essere utilizzate per evitare di arrecare ulteriore dolore alle vittime in una giornata così importante per la Chiesa cattolica? Moltissime, direi.

Contro la forza la ragion non vale.

La vicenda solleva così un interrogativo cruciale: come bilanciare il valore artistico con il rispetto della dignità umana e la memoria del trauma? La risposta non può che pendere verso la tutela di chi ha sofferto.

Monsignor Jean-Marc Micas, vescovo di Tarbes e Lourdes, ha affrontato la delicata questione dei mosaici di Rupnik in un comunicato ufficiale firmato nel luglio 2024.[10] La decisione riguarda le opere collocate all'ingresso della basilica di Nostra Signora del Rosario a Lourdes, la cui presenza è diventata fonte di sofferenza per le vittime di abusi e potrebbe esserlo anche per i pellegrini e i fedeli che affollano ogni giorno quel luogo sacro.

Monsignor Micas ha raccontato di avere istituito, tra il maggio e l'ottobre 2023, insieme al rettore del santuario, una commissione speciale, includendo vittime sia francesi sia straniere, esperti di arte sacra, giuristi e cappellani. Un lavoro di ascolto e confronto che si è esteso anche a cardinali, vescovi, artisti e pellegrini. Il vescovo ha riconosciuto apertamente che «i pareri sono molto divisi e spesso polarizzati», con posizioni accese su ogni possibile soluzione: conservazione, rimozione o distruzione delle opere.

La sua riflessione personale è stata netta e si è basata su una distinzione fondamentale: «Questa situazione non ha nulla a che vedere con altre opere i cui autori e vittime sono deceduti, talvolta da diversi secoli. In questo caso, le vittime sono vive e l'autore lo è anche».

Particolarmente significativa è la sua interpretazione del proprio ruolo: non si deve giudicare la «moralità» dell'opera d'arte in sé, ma garantire che il santuario rimanga un luogo di accoglienza per tutti, «in particolare coloro che soffrono». Come ha sottolineato, «a Lourdes, le persone provate e ferite che hanno bisogno di consolazione e riparazione devono mantenere il primo posto».

Pur esprimendo la sua preferenza per la rimozione dei mosaici, il vescovo ha però riconosciuto che una decisione immediata potrebbe aumentare le divisioni. Ha quindi optato per un primo passo concreto: i mosaici non saranno più illuminati durante la processione mariana serale.

Ma come ha sottolineato Mirjam nella sua testimonianza, «finché la Chiesa non capirà che l'essere abusatore di padre Rupnik è legato al suo essere artista, continuerà a minimizzare la gravità di quel che è successo».

È del luglio 2024, poi, la decisione di coprire i mosaici di Marko Rupnik in due chiese negli Stati Uniti: i Cavalieri di Colombo lo hanno annunciato per due importanti luoghi di culto. Si tratta del santuario nazionale di San Giovanni

Paolo II a Washington e della cappella della Sacra Famiglia presso la sede centrale dei Cavalieri di Colombo a New Haven, Connecticut. Questa decisione senza precedenti viene presa in attesa del verdetto del dicastero per la Dottrina della Fede sui casi di abusi sessuali pendenti contro l'artista sloveno. Qualora Rupnik venisse condannato, si prospetta la possibilità di una copertura permanente dei mosaici con uno strato di gesso. Il cavaliere supremo Patrick Kelly ha motivato questa scelta con parole che riflettono una chiara presa di posizione: «I Cavalieri di Colombo hanno deciso di coprire questi mosaici perché la nostra prima preoccupazione deve essere per le vittime di abusi sessuali, che hanno già sofferto immensamente e che potrebbero essere ulteriormente ferite dalla continua esposizione dei mosaici al santuario».[11]

Abbiamo espresso gratitudine al cavaliere supremo Patrick Kelly e ai Cavalieri di Colombo per questa scelta coraggiosa, che speriamo non resti isolata.

Il paradosso della misericordia: giustizia e perdono

La Chiesa si trova da sempre ad affrontare una questione che sembra un paradosso: come possono convivere giustizia e perdono? La risposta, maturata attraverso secoli di riflessione, è chiara anche se non semplice: non può esistere vera misericordia senza giustizia. Non sono due forze opposte, ma due facce della stessa medaglia.

Questo concetto è stato espresso con particolare forza da Giovanni Paolo II nel 1980, quando nella sua enciclica *Dives in misericordia* ha scritto che «la misericordia differisce dalla giustizia, ma non è in contrasto con essa». È un'affermazione importante che chiarisce un punto fondamentale: perdonare non significa fingere che il male non sia mai esistito o evitare di affrontarne le conseguenze. Il perdono vero richiede invece di guardare il male negli occhi e affrontarlo.

Papa Francesco ha poi ripreso e approfondito questo pensiero nel 2015, nella bolla *Misericordiae vultus*, spiegando che «la misericordia non è contraria alla giustizia ma esprime il comportamento di Dio verso il peccatore». Ma ha anche reso intellegibile un altro assunto cruciale: persino la misericordia divina ha le sue condizioni. Chi ha sbagliato deve riconoscere il proprio errore e impegnarsi concretamente per riparare il danno fatto: si richiede perciò un pentimento concreto.

Il Catechismo della Chiesa cattolica rafforza questa visione quando parla della misericordia divina. Dio è infinitamente misericordioso, ma questo non cancella la necessità di riparare al male commesso. La riconciliazione è possibile, ma richiede due elementi essenziali: un pentimento vero e profondo e la volontà concreta di cambiare vita. Non si tratta di parole o buone intenzioni, ma di fatti concreti che dimostrino il cambiamento.

La Commissione teologica internazionale ha più volte approfondito questo tema, chiarendo che la misericordia cristiana richiede diversi elementi che devono esistere insieme: bisogna innanzitutto guardare in faccia la verità, tutta intera, senza nascondere nulla. Chi ha sbagliato deve poi fare tutto il possibile per riparare al danno causato. Le vittime devono essere sempre protette, la loro sicurezza viene prima di tutto. E infine, chi ha commesso il male deve dimostrare un cambiamento vero e duraturo nel proprio comportamento.

In questo modo, la Chiesa affronta quello che sembra un paradosso trasformandolo in una indicazione di percorso di crescita. Giustizia e misericordia non sarebbero due forze che si combattono tra loro, ma due aspetti che si completano a vicenda, in un equilibrio delicato che richiede continua attenzione e discernimento. La vera misericordia dovrebbe includere la giustizia e andare oltre, ma questo «andare oltre» è possibile solo quando ci sono tre elementi fondamentali: la verità piena dei fatti, l'assunzione di responsabilità da parte di chi ha sbagliato e un cambiamento autentico del comportamento.

Ma queste indicazioni di percorso vengono poi seguite?

Il bilanciamento tra il messaggio cristiano del perdono e la necessità di giustizia per le vittime rappresenta una delle sfide più complesse nella risposta della Chiesa agli abusi. Questa tensione emerge con particolare evidenza nel caso Rupnik, dove però la retorica della misericordia è stata spesso utilizzata per evitare di fronteggiare responsabilità concrete.

> La questione da affrontare è come agire nei confronti di quei superiori/religiosi che sono impermeabili agli appelli. C'è bisogno di una solida riforma canonistica per evitare l'impunità degli abusi, e perché la separazione tra foro esterno e foro interno non sia solo formalmente prescritta, ma garantita e rafforzata. La trasgressione deve poter essere sanzionata. I religiosi, tutti i religiosi, devono vivere nella certezza del diritto. Non credo che sia troppo chiederlo. Soprattutto perché si tratta niente meno che del futuro e della sopravvivenza della vita religiosa.[12]

Il dibattito sulla possibile riabilitazione dei sacerdoti abusatori trova sempre nel caso Rupnik un esempio paradigmatico. La sua iniziale protezione, mascherata da percorso di redenzione, ha di fatto permesso il perpetuarsi degli abusi per decenni. Come evidenziato dalla testimonianza di Samuelle, anche dopo le prime denunce Rupnik ha continuato a utilizzare la sua posizione di potere per manipolare e abusare di altre religiose.

La Chiesa è chiamata quindi a sviluppare un nuovo modello che combini responsabilità, giustizia e possibilità di redenzione. Questo modello deve partire dal riconoscimento che la vera misericordia non può esistere senza giustizia. Come ha scritto Mirjam nella sua lettera al prefetto del dicastero per la Dottrina della Fede, è necessario trovare «soluzioni capaci di prevenire maggiori danni, portare sollievo e guarigione alle anime ferite e guidare coloro che sono stati causa di tanta sofferenza verso l'equilibrio psico-fisico-spirituale».

La sfida per il futuro è quella di costruire una Chiesa che sia davvero un luogo sicuro per tutti i suoi membri, dove la misericordia e la giustizia non siano in opposizione ma si rafforzino a vicenda. Come emerge dalle testimonianze, questo richiede un cambiamento profondo non soltanto nelle strutture ma anche nella mentalità.

Attraverso questo difficile ma imprescindibile equilibrio tra giustizia e perdono, la Chiesa potrà iniziare a guarire le ferite profonde causate dagli abusi e riconquistare la fiducia perduta. Come ha detto Gloria nella sua testimonianza, «solo l'amore cura, guarisce e crea», un amore che deve necessariamente includere e «unire la misericordia e le esigenze insopprimibili della giustizia».[13]

La profondità di questo amore sanante può essere compresa solo immergendosi nell'abisso del dolore di chi ha subito abusi.

Narra una antica leggenda Cherokee:

> «Ci sono due lupi in ognuno di noi. Uno è cattivo e vive di odio, gelosia, invidia, menzogna ed egoismo. L'altro è il lupo buono. Vive di pace, amore, speranza, generosità, compassione, umiltà e fede.»
> «E quale lupo vince?»
> «Quello che nutri di più.»

13

La ferita e la carezza

C'è un taglio profondo, una lacerazione che attraversa la Chiesa, una ferita aperta e sanguinante. È la ferita degli abusi, quella perversione che trasforma chi dovrebbe essere pastore in predatore, chi dovrebbe proteggere in carnefice. L'ho vista su Maria, la prima religiosa che varcò la soglia del mio studio, troppo fragile per sostenere il peso della sua storia ingombrante. L'ho vista nel coraggio di Gloria e Mirjam, che hanno scelto di dare nome e volto al loro dolore uscendo allo scoperto, sapendo che quel gesto, per quanto difficile, avrebbe aperto una breccia nel muro del silenzio dietro cui si nascondevano tante altre storie mai raccontate. E l'ho vista nella resilienza di Samuelle, la mia fogliolina d'acciaio, che ha trasformato il dolore in una testimonianza lucida e coraggiosa, dimostrando che anche il più delicato degli esseri può avere la forza necessaria quando si tratta di difendere e affermare la verità.

Questa ferita ha molti nomi: abuso di potere, manipolazione spirituale, violenza psicologica, sfruttamento, abuso sessuale. Si nasconde dietro le mura dei conventi, si maschera di sacralità, usa il linguaggio della fede per legittimare una violenza inaccettabile.

Senza timore, bisogna guardare negli occhi questo male, nominarlo, svelare il volto oscuro di un potere che tradisce la sua vocazione più profonda. Lo si può fare partendo dal cuore del messaggio di Francesco, che è semplice e rivoluzionario: il vero potere è servizio.

Il vocabolario Treccani definisce così «servizio: s.m. [dal lat. *servitium*, propriam. "condizione di schiavo", der. di *servus*: v. servo]. [...] In senso astratto, rapporto di soggezione o sudditanza». Il servizio è mettersi a disposizione in modo incondizionato verso qualcuno. È un impegno incondizionato nei confronti di qualcosa.

Il servizio non è una formula vuota, è, dovrebbe essere, carne viva della Chiesa: «Eppure io sto in mezzo a voi come colui che serve» scriveva Luca.[1] Eppure, quante volte questa verità è stata tradita? Quante volte l'autorità spirituale si è trasformata in dominio, in manipolazione, in violenza infida, sottile e devastante? Tante e troppe.

L'abuso di coscienza, come lo definisce il pontefice, è forse la forma più sfuggente di questa perversione. È il veleno che si infiltra nelle pieghe dell'anima, che usa il sacro per mascherare il profano, che piega la spiritualità a strumento di potere. È la violenza di chi, investito di autorità spirituale, usa la vulnerabilità di chi cerca Dio per imporre il proprio dominio, per sottomettere e distruggere l'altro. Una violenza tanto più terribile perché si nasconde dietro parole sante e virtuose, perché confonde le coscienze, perché lascia segni che impiegano anni, anche una vita intera, per guarire, e talvolta nemmeno guariscono. Lo abbiamo letto nelle parole di Gloria, quando raccontava come Rupnik avesse usato persino il concetto di Trinità per giustificare abusi sessuali che coinvolgevano tre persone. Tre, il numero perfetto, la Trinità, utilizzata per scegliere i partecipanti a un'orgia. Lo abbiamo sentito nella testimonianza di Mirjam, quando descriveva il clima di controllo ossessivo instaurato nella Comunità Loyola. Lo abbiamo riconosciuto nel dolore di Pia e Klara, nelle cicatrici invisibili ma profonde lasciate dalla manipolazione spirituale nelle loro vite. Io, invece, l'ho visto nei loro occhi, che non erano mai giudicanti o vendicativi, dicevano soltanto la verità.

Ma cosa c'entra Dio con tutto questo?

Se ci fosse un processo in Paradiso, Dio si costituirebbe parte civile. Vittima della lordura che genera il potere, nominato invano per soddisfare la brama di piacere e di dominio.

Le religiose vittime di abusi rappresentano il volto più doloroso di questa tragedia. Donne che hanno consacrato la vita a Dio e si sono trovate preda di chi doveva guidarle verso di Lui. Il loro dolore grida nel silenzio dei chiostri, nelle pieghe di una spiritualità distorta che ha trasformato l'obbedienza in sottomissione, il discernimento in manipolazione, l'accompagnamento spirituale in abuso di potere.

Le mie ragazze coraggiose hanno scelto di non tacere più. Le loro testimonianze non sono solo denunce di un sistema malato, ma semi di speranza per un cambiamento, difficile ma possibile. Dimostrano che la vera forza non sta nel potere che domina, ma nel coraggio di chi si ribella all'ingiustizia, nella solidarietà di chi sceglie di stare dalla parte delle vittime.

Quando Francesco invita i pastori a «sentire l'odore delle pecore», sta gridando una verità che scuote le fondamenta di ogni abuso di potere. Il pastore autentico non possiede un gregge, lo serve. Non lo usa per i propri fini, lo accompagna. Non lo manipola, lo rispetta nella dignità e libertà di ogni suo membro. È una rivoluzione silenziosa ma radicale, che riporta il potere alla sua verità più profonda: il dono di sé per il bene dell'altro.

Marko Rupnik l'odore delle pecore l'ha sentito eccome, ma non come intendeva il pontefice quando parlava di pastori che si prendono cura del proprio gregge. Il suo era il fiuto del predatore: captava la fragilità nelle sue prede, annusava le loro paure, si nutriva della loro innocenza. Il lupo che mangia l'agnello. Ha trasformato il sacro ministero della guida spirituale in una caccia perversa, dove i corpi, la psiche e le anime delle sue vittime diventavano territori da conquistare e possedere. Come un lupo travestito da pastore, ha dilaniato la carne e lo spirito di chi gli aveva affidato la propria vocazione, la propria spiritualità, abbandonando nel deserto della disperazione chi non rispondeva più ai suoi istinti, sacrificando chi non serviva più ai suoi scopi.

La vicenda, con tutte le sue ramificazioni – dagli abusi psicologici e sessuali allo sfruttamento lavorativo, dalla manipolazione spirituale all'uso distorto dell'arte sacra – ci mostra quanto sia necessario adesso un cambiamento. Non è più tempo di mezze misure o di compromessi: è tempo, per chi ha abusato – non solo un abusatore ma tutti gli abusatori – di pagare per quello che ha commesso.

Ma non basta alzare la voce. Non bastano le denunce, per quanto coraggiose, né le parole, per quanto forti. Non basterà nemmeno una condanna, che pure dovrà arrivare, netta e inequivocabile. Serve una conversione profonda nel modo di concepire e vivere l'autorità nella Chiesa. Serve una formazione che non si limiti alla teologia o alla pastorale, ma che tocchi le radici dell'umanità di chi è chiamato a servire. Serve soprattutto un cambiamento di sguardo: vedere nell'altro non un oggetto da possedere o manipolare, ma un mistero da rispettare, una libertà da accompagnare, una dignità da servire. Come ci ricorda Matteo: «In verità io vi dico: tutto quello che avete fatto a uno solo di questi miei fratelli più piccoli, l'avete fatto a me».[2] In ogni persona risiede questa sacralità inviolabile, questo mistero che chiede di essere rispettato.

La «rivoluzione della tenerezza» che Francesco propone è l'antidoto più potente contro ogni forma di abuso. È la via di un potere che non schiaccia ma solleva, non domina ma libera, non ferisce ma guarisce. È la via di Cristo, che «non è venuto per essere servito, ma per servire». Solo su questa via la

Chiesa può ritrovare la sua vocazione più vera: essere non luogo di potere, ma spazio di libertà; non strumento di dominio, ma sacramento di comunione. E questa rivoluzione potrà realizzarsi solo quando la Chiesa avrà il coraggio di guardare nel profondo delle sue ferite, di ascoltare veramente le voci delle vittime, di mettere in atto cambiamenti reali e non solo dichiarazioni di intenti o riforme di facciata. Quando avrà il coraggio di punire finalmente i colpevoli in modo esemplare. Perché la giustizia è un insegnamento del Signore.

Come avvocato che ha scelto di stare dalla parte delle vittime, continuerò a lottare affinché questa rivoluzione si realizzi, perché ogni donna consacrata possa vivere la sua vocazione nella libertà e nella dignità che merita. Perché possa coltivare in modo sano e profondo il dono della fede e il suo rapporto con Dio.

Perché dietro ogni storia di abuso c'è una ferita che attende di essere riconosciuta, e solo attraverso la carezza della giustizia potrà iniziare a guarire. E le storie sono continuate ad arrivare, e sono certa che continueranno a farlo, perché la ferita pulsa sangue vivo. Dopo la conferenza stampa del febbraio 2024, numerose testimonianze hanno iniziato a raggiungermi in tutti i modi possibili: email, telefonate, chat dei social. Sono voci che emergono dall'ombra, ciascuna con la propria storia di dolore ma tutte accomunate dalla stessa solitudine, dalla stessa mancanza di ascolto, dalla stessa ricerca di giustizia negata.

Ne ho scelte alcune.

Una voce è giunta dalla Tanzania:

> Cara avvocato Laura,
> ho letto del tuo impegno per le religiose e mi sono molto commossa. Sono una suora della Tanzania e mi piace dare aiuto agli altri bisognosi. Qui c'è tanto bisogno di aiuto.

> Sono stata stuprata più volte da un sacerdote della missione e nessuno mi ha aiutata.
> Rinuncio alla denuncia, nessuno mi può aiutare ma sono molto contenta che tu aiuti altre come me.
> Ti scrivo per dirti grazie, perché tu ora aiuti anche me.

Questa testimonianza richiama tragicamente il rapporto di suor Maura O'Donohue del 1995, che già denunciava gli abusi sistematici sulle religiose in Africa. Il fatto che ancora oggi, quasi trent'anni dopo, continuino ad arrivarmi lettere simili dimostra quanto il problema sia radicato nelle strutture stesse del potere ecclesiastico.

Un'altra testimonianza rivela un aspetto meno discusso ma non meno grave degli abusi:

> Cara Laura,
> ho letto che ti stai occupando di abusi sulle suore e sono contenta che finalmente qualche religiosa abbia avuto il coraggio di denunciare. Ho letto le storie di Gloria e di Mirjam e ti chiedo di abbracciarle da parte mia.
> Sono stata una religiosa anche io. Non sono stata abusata da un sacerdote o, comunque, da un uomo, ma ho subito abusi da una mia consorella, la più importante della comunità.
> La sera veniva a trovarmi quando ero già nella mia stanza, per una «preghiera congiunta». Dovevamo tenerci le mani mentre pregavamo. Poi piano piano dalle mani congiunte sono cominciate le carezze, un bacio sulla guancia, due baci, gli abbracci.
> Ero molto infastidita. «Se siamo vicine, il Signore lo sente.»
> Una sera entrò nel mio letto quando ero in fase di dormiveglia. Le sue mani si allungarono sul mio seno. Gliele spostai ma tornava a riposizionarle sui miei capezzoli. Non volevo mettermi a urlare, avrei creato uno scandalo, mi avrebbero sentito tutti, così la spinsi con forza. Se ne andò ma tornò

> qualche sera dopo, e stavolta la sua mano si infilò nelle mie mutande. Mi alzai di scatto e me ne andai a dormire nel refettorio.
> Quando fui esausta dalle sue visite, mi lamentai con delle consorelle.
> Cominciò a girare la voce che ero una lesbica frustrata.
> Non sono lesbica e non sono frustrata, e adesso non sono più credente.
> Spero che Gloria e Mirjam abbiano giustizia, io non l'ho avuta.

Come nel caso della Congregazione delle sorelle del Buon Samaritano in Cile, gli abusi non provengono solo da uomini di Chiesa. Le dinamiche di potere distorto possono manifestarsi anche tra donne, riproducendo gli stessi meccanismi di manipolazione e controllo che abbiamo visto nel caso Rupnik e in tutti i casi che in questo libro sono analizzati.

Un'altra testimonianza, nella sua brevità, racchiude invece tutto il dolore dell'abbandono:

> Buongiorno avvocatessa,
> le scrivo perché sono stata violentata da un monaco.
> Sono una suora e nessuno mi ha aiutato, né le mie consorelle né la madre superiora.
> Noi non esistiamo.

L'ultima frase di questa testimonianza – «Noi non esistiamo» – risuona come una sentenza definitiva, un verdetto di annullamento che va oltre l'abuso subito. È la consapevolezza amara di essere invisibili in un sistema che prima usa i corpi e poi cancella le persone. Non è solo un grido di dolore, è la lucida constatazione di chi ha scoperto sulla propria pelle che la vocazione religiosa, invece di essere strada di realizzazione spirituale, può trasformarsi in una gabbia dove la dignità viene sistematicamente negata. In quelle tre parole c'è tutto: la solitudine di chi non trova ascolto nemmeno tra le proprie consorelle, il tradimento di una superiora che sceglie di non vedere, la violenza di un sistema che rende le vittime fantasmi. È una frase che riassume in modo straziante quel processo di cancellazione dell'identità che ho visto ripetersi in tante storie di abusi.

Una richiesta di aiuto, poi, mi è arrivata da un fratello preoccupato, che ci dice come gli abusi spesso vengano in qualche modo intercettati dai familiari:

> Caro avvocato,
> ho letto sui giornali che sta difendendo delle suore che hanno subito violenza.
> Mia sorella è una suora e sono sicuro che è stata violentata, e forse sta ancora subendo violenza. Non me lo ha detto apertamente, ma vedo che soffre, piange spesso, che vorrebbe liberarsi di qualcosa di grave che la fa stare male. C'è un prete di cui ha paura, mi ha detto che non vuole stare con lui da sola. Penso che sia stata violentata perché un giorno che era a casa di nostra madre ho visto che aveva nella borsa un test di gravidanza. Quando è andata via, quel test non ce l'aveva più e poco prima l'ho sentita piangere in bagno.
> Le ho detto che su di me può sempre contare, ma non parla.
> Se riuscissi a convincerla a parlare con lei, le darebbe un appuntamento?
> E io, che posso fare?
> La ringrazio per quello che fa, perché è comunque di grande conforto.

Le ultime due testimonianze collegano infine gli abusi sessuali allo sfruttamento lavorativo, un altro aspetto che ho approfondito in questo libro e che drammaticamente continua a tornare:

Gentile avvocatessa,
sono una ex religiosa. Ho subito abusi quando ero più giovane e nessuno ha voluto ascoltarmi. I preti sono padroni delle suore. Loro sono sempre protetti, noi siamo solo oggetti. Laviamo, puliamo, riordiniamo e li compiacciamo anche sessualmente, obbligate al silenzio.

Cara Laura,
le suore sono le nuove schiave. Io sono contraria alla schiavitù, per questo ho lasciato la comunità. Mai più nessuno dovrà abusare di me, in nessuna maniera.

Queste testimonianze, arrivate da ogni parte del mondo, rivelano quanto sia profonda la ferita degli abusi nella Chiesa. Sono voci diverse che parlano la stessa lingua del dolore, dello smarrimento, della solitudine. Nelle loro parole sofferte si legge un'urgenza di verità, il bisogno di essere finalmente credute, ascoltate, riconosciute nella propria dignità violata, di ricevere una carezza.

E voglio chiudere con un'ultima storia. Quella di Alice.

Alice non si chiama Alice: ho deciso il suo nome mentre un giorno stavamo conversando al telefono. Faceva fatica a raccontare e a raccontarsi, la sua voce era sempre triste, sempre con lo stesso tono. Nessuna inflessione, nessuna alterazione. A un certo punto, la sentii sorridere. Era una risata dissociata dal racconto. Le chiesi, così, perché stesse ridendo, e lei mi raccontò quello che stava vedendo in quel momento dalla finestra della sua camera: un gatto che cercava malamente di acciuffare una farfalla, lanciandosi nel sole.

«Alice guarda i gatti e i gatti guardano nel sole / mentre il mondo sta girando senza fretta.» Non potei evitare di pensare a questa strofa della canzone di Francesco De Gregori. Il gatto rincorreva la farfalla, il mondo girava senza fretta mentre Alice se ne stava ferma e immobile nel suo dolore.

Mi cercò lei. Voleva parlare con qualcuno che aveva già sentito storie come la sua. Mi raccontò di venire da una famiglia alto borghese. Aveva vissuto negli agi, scuole private, vacanze costose, abiti firmati. Mi disse che aveva un carattere mansueto, e che nel corso degli anni era diventato ancora più plasmabile. Faceva fatica a dire di no e non voleva deludere le persone che amava, specie suo padre. Per questo aveva frequentato i suoi stessi istituti scolastici. Finì per scegliere anche la sua stessa facoltà all'università, che aveva fatto del padre un affermato professionista, anche se a lei piaceva suonare il pianoforte e avrebbe voluto solo studiare la musica in solitudine.

All'università conobbe un giovane bellissimo dagli occhi blu di cui si innamorò in tutta fretta. Il ragazzo dagli occhi blu fu il suo primo uomo. Diversamente da lei, aveva origini umili e un carattere molto forte. Troppo forte, a detta del padre, che le diceva che quel ragazzo la dominava e le aveva rubato la libertà. E pure troppo povero, per starle accanto in società.

Le province sanno essere feroci.

Mi sembrava la storia di un romanzo di appendice. Dopo appena qualche mese di relazione, il padre di Alice e il ragazzo dagli occhi blu erano già ai ferri corti e la giovane era straziata dal doversi dividere tra l'amore per il genitore e quello per il suo fidanzato. Ognuno dei suoi due amori le chiedeva di scegliere e di scegliere lui, perché l'altro le faceva solo del male. Ma Alice non sapeva scegliere, perché non sapeva dire di no.

Una sera, qualche ora dopo l'ennesima lite con entrambi, Alice ricevette una telefonata: il ragazzo dagli occhi blu aveva avuto un incidente stradale ed era morto sul colpo. Furono mesi durissimi, di dolore, di silenzio e di totale apatia nei confronti del mondo esterno. Alice non parlava, non mangiava, non usciva, anche la musica le dava fastidio. Una totale anedonia musicale. Alice non voleva più vivere.

Trascinata a forza a passare qualche giorno dalla madre, perché respirasse un po' d'aria buona e perché ricominciasse a camminare, Alice durante una passeggiata decise di entrare in una chiesetta che sporgeva sul mare, dello stesso blu degli occhi del suo amato. Si sedette su una panca, guardò il crocifisso e sentì forte una sensazione di pace che la turbò. Scoppiò a piangere. «Non so per quanto tempo piansi, so che una suora, molto giovane, si sedette accanto a me e mi strinse la mano. Mi ricordo che sentii calore, il calore della vita, io che mi sentivo oramai morta dentro.» Quei giorni al mare li passò a parlare con quella sua nuova amica, che la avvicinò alla comunità religiosa cui apparteneva. Decise di farsi suora con troppa fretta e per quella scelta rivolse a suo padre l'unico no della propria vita.

«In convento mi sentivo protetta e al sicuro» diversamente da casa sua.

I suoi genitori interruppero i rapporti con lei, il padre le disse: «Tu non sei più mia figlia» dopo averla portata in giro per psichiatri, cercando qualsiasi appiglio per dissuaderla da quella scelta. Così Alice cominciò i nuovi studi e la sua nuova vita in comunità.

Era fragile, ma adesso c'era un alito di vita a sorreggerla. Pensò che fosse stato Dio a salvarla, e a Lui doveva donarsi continuando a vivere. La vita in convento non fu facile, ma era meglio che stare a casa sua. E, comunque, i cambiamenti comportano sacrifici. Questo si diceva e diceva al Signore quando si fermava in cappella a pregare da sola.

Ma l'inquietudine che aveva, il dolore che pensava di avere messo via cominciavano a esondare. Alice aveva la tempesta nel cuore e sapeva di stare in mezzo al mare. Così, un giorno, scoppiò a piangere durante una confessione. Quel sacerdote, un punto di riferimento solido nella parrocchia, la seppe ascoltare e la confortò.

«Mi sentii meglio, mi disse che il dolore se ne sarebbe andato piano piano, con pazienza, e mi invitò a fare un percorso con lui. Conduceva degli incontri con i giovani, mi chiese di aiutarlo. Mi disse che così avrei aiutato lui e avrei aiutato me stessa.» Don Marco – nome di fantasia – divenne presto il suo confidente e Alice gli raccontò tutte le sue inquietudini. Il sacerdote la coinvolse nella ricerca di testi, di temi, di spunti di riflessione, di luoghi dove portare i giovani del gruppo.

Ad Alice piaceva stare con loro, qualcuno aveva appena qualche anno meno di lei.

«Una sera, al termine di un incontro, un ragazzo si trattenne qualche minuto con noi per ringraziarci, per ringraziare don Marco. Disse che questi incontri gli avevano salvato la vita, perché prima di cominciare a parteciparvi frequentava brutte compagnie, mentre adesso si era trovato un lavoro onesto e agli incontri aveva conosciuto una brava ragazza con cui usciva e progettava il futuro.» Quando il ragazzo andò via, Alice pianse. Don Marco le disse che quel giovane era come il suo ragazzo dagli occhi blu, e che Alice, facendo questa attività con lui, lo avrebbe fatto rivivere in quegli incontri.

Alice lo avrebbe salvato. Il ragazzo dagli occhi blu stavolta non sarebbe morto a causa sua. Quella notte non dormì.

Don Marco era sempre più presente. Aveva molto credito e seguito nella comunità e la sua figura era ben vista anche dalla madre superiora. Si fermava spesso a pranzo al convento ed era disponibile ad aiutare se c'era bisogno di qualcosa. Una macchina che non funzionava, un lavoretto manuale da fare, il giardino da potare.

Diceva ad Alice che loro, insieme, realizzavano il progetto di Dio, ovvero salvare i ragazzi e ricondurli a un cammino di fede.

Alice ci si dedicava molto. Aveva finalmente trovato pace. Forse tutto quello che le era capitato era avvenuto per condurla a quella scelta di vita. Doveva aiutare i giovani.

Il gruppo oramai era solido, tante le attività che organizzavano insieme, anche durante i fine settimana.

I genitori di Alice avevano una bellissima casa al mare e ci passavano del tempo anche d'inverno, perciò lei non conosceva la montagna. Don Marco, invece, organizzava lunghe passeggiate lungo i sentieri montani, conosceva i percorsi, ogni volta citava tanti aneddoti. Sapeva parlare, incantava i ragazzi.

«Organizzammo un fine settimana di passeggiate, di preghiere e di riflessione in mezzo ai monti» disse un giorno.

Il posto lo scelse don Marco e Alice lo aiutò nella logistica. Una casa grande con più stanze per stare tutti insieme. I ragazzi accolsero la proposta con gioia.

Furono tre giorni molto belli. Alice mi raccontò di quanto si era sentita connessa con il creato. La natura le riempiva il cuore, così come le risate gioiose di quei ragazzi che facevano tanto famiglia. Il rientro era previsto per la domenica dopo pranzo.

Don Marco però si attardava. Diceva che doveva incontrare un altro sacerdote che sarebbe arrivato a momenti ma che, invece, non arrivava. Così i ragazzi andarono via tutti «e rimanemmo solo io e lui in quella casa grande oramai vuota».

Calava il buio e Alice cominciava a essere a disagio. Perché stavano ancora lì? Don Marco insisteva, bisognava aspettare quel sacerdote, doveva parlargli di una cosa delicata e privata.

Si fece notte e non arrivò nessuno. Fu lo stesso don Marco ad avvisare il convento per dire che c'era stato un contrattempo e che sarebbero rientrati la mattina successiva. Nessun problema, con don Marco, Alice era al sicuro. Ma il disagio continuava a crescere.

Consumarono la cena e don Marco era molto strano. La invitava a bere, mentre cucinava le stava fin troppo vicino. Alice sentiva la sua presenza alle sue spalle, il suo respiro.

«Quando gli dissi che andavo a dormire, si frappose tra me e la porta, mi strinse con forza e mi baciò. Un bacio profondo che mi soffocò. Mi svincolai, ero rossa di imbarazzo. Non sapevo che dire, perciò voltai le spalle e mi chiusi in camera.

Mi nascosi sotto le coperte, come fanno i bambini. Ero molto agitata. Don Marco mi sembrava un altro uomo. Aveva uno sguardo diverso, mi guardava in modo insistente.» Nessuno l'aveva baciata dopo che il ragazzo dagli occhi blu era morto, perché lei non voleva più che nessuno la baciasse.

Alice pregò che fosse presto giorno, voleva andare via da quel posto. Ma prima che venisse il giorno, venne don Marco, che si infilò nel suo letto, spingendola con violenza contro il muro. Aveva avuto appena il tempo di sentire dei passi nel buio che don Marco le era già addosso.

«Che vuoi? Vattene!» e intanto le mani del sacerdote rovistavano sotto la sua camicia da notte, alla ricerca di un contatto intimo che lei rifiutava. «Finiscila! Che fai? Non voglio!» e sentiva il peso del corpo di lui che la schiacciava, un corpo che si agitava, mentre le premeva contro la sua eccitazione evidente, solida, reale.

Alice era sempre più costretta tra il muro e il peso di lui, non aveva scampo. Si mise a urlare, ma nessuno poteva sentirla. In mezzo a quelle montagne, la sua voce poteva arrivare soltanto a Dio. Don Marco le teneva le mani ferme. Da un lato il muro, di sopra lui, che era molto più forte di lei, una piccola canna al vento.

«Divaricò le mie gambe, mi strappò gli slip, si slacciò i pantaloni e mi penetrò.»

Alice provò a divincolarsi, e intanto piangeva.

«Ansimava su di me, mi faceva male, io piangevo sempre più forte, gli chiedevo di smettere, ma non c'era verso. Quando poi raggiunse l'orgasmo e il suo corpo finalmente si placò, mi diede un ultimo bacio e mi disse che la prossima volta avrei dovuto essere più partecipe. "Sono certo che con il ragazzo dagli occhi blu facevi di meglio." Si tirò su i pantaloni e se ne andò nella sua stanza. Passai la notte come bloccata nella stessa posizione, così come mi aveva lasciata lui. Non riuscivo a muovermi.» La mattina dopo don Marco si comportò come se non fosse successo nulla. Alice, in macchina, gli chiese perché l'avesse fatto.

«Cosa?»

«Tu mi hai stuprata.»

«Ha ragione tuo padre a dire che sei matta. Attenta a non ripeterlo, potresti finire in una clinica psichiatrica.»

Alice non frequentò più gli incontri con i giovani, per qualche settimana evitò in ogni modo don Marco e le consorelle evitavano lei. Aveva smesso di nuovo di mangiare, deperiva a vista d'occhio. Decise di parlare di quello che era successo con la madre superiora. Andò da lei un tardo pomeriggio, e non dormendo e non mangiando da giorni, aveva un aspetto terribile. Le rivelò che era stata stuprata da don Marco. Gli occhi di ghiaccio della superiora avevano già risposto prima che parlasse: «Tu stai di nuovo male, forse è il caso che ti faccia ricoverare».

«Don Marco mi ha stuprata.»

«Domattina ti dico in che ospedale andrai.»

«Don Marco mi ha stuprata.»

«Vai a preparare le tue cose. Andrai in ospedale domattina molto presto.»

Alice andò a preparare le sue cose, ma chiamò anche il padre e gli chiese di andarla subito a prendere.

Lasciò il convento quella sera stessa e non vi fece più ritorno.

Dopo avere ascoltato il suo tremendo racconto, le chiesi perché mai non lo avesse denunciato. «Perché quella sera sono morta per la seconda volta e i morti non denunciano.»

Ora Alice suona il pianoforte e sogna di dimenticare.

I morti non denunciano, dici. Ma ascolta, Alice: il tuo cuore batte ancora. Lo si sente nella musica che suoni, nelle note del tuo pianoforte che danzano nell'aria come quella farfalla che un giorno ti fece sorridere. Ogni tasto che premi è un palpito, ogni melodia un respiro di vita.

La violenza che hai subito non è stata solo fisica, è stata una profanazione dell'anima, un tradimento della fiducia più sacra. Ti hanno rubato la voce due volte: prima con l'abuso stesso, poi negandoti la verità. Ma guarda: le tue dita ancora danzano sui tasti bianchi e neri, creando bellezza dal dolore. Questo non è il gesto di una morta. È il grido silenzioso di chi, nonostante tutto, continua a vivere.

La vita non è stata generosa con te. Ti ha fatto attraversare abissi che nessuno dovrebbe conoscere. Ma proprio come quella giovane suora che un giorno ti prese la mano in chiesa, lascia che te lo dica: il calore della vita scorre ancora nelle tue vene, anche se a volte lo senti appena, come un sussurro lontano.

La tua voce, Alice, quella voce che hanno cercato di soffocare, può ancora farsi sentire. Non come grido di vendetta, ma come canto di verità. La denuncia non è solo un atto legale, è un'affermazione di esistenza, è dire: «Sono qui, sono vera, quello che mi è successo è reale. E voglio che, chi mi ha fatto questo, sia punito. Perché io ho raccontato la verità».

E anche io sono qui. Non come un'eco del passato, ma come una presenza nel presente. E se vorrai ci sarò anche domani. Sono qui per ascoltare la tua musica, per vedere la tua luce, per testimoniare che non sei un'ombra, non sei un ricordo, non sei morta. Sei Alice, e la tua storia merita di essere raccontata, la tua verità merita di essere conosciuta e il tuo dolore merita di essere rispettato.

Perché anche se ti hanno fatto sentire invisibile, anche se hanno cercato di cancellare la tua voce, tu sei qui. Respiri, suoni, senti. E finché c'è musica nelle tue dita, c'è vita nel tuo cuore. E dove c'è vita, c'è sempre la possibilità di giustizia, di guarigione, di rinascita.

Non sei sola, Alice. Come non lo siete voi, Gloria, Mirjam, Klara, Pia, Samuelle e tutte le altre ragazze coraggiose. Voi che avete trovato la forza di alzare la voce, di rompere il silenzio, di cercare la verità. Le vostre parole si stanno facendo ponte, le vostre denunce semi di coraggio. Ogni passo sulla via della giustizia traccia un sentiero per chi verrà dopo di voi.

In questo cammino di verità, le vostre voci si intrecciano come note di una stessa melodia. Una melodia che parla di dolore, sì, ma anche di rinascita, di forza, di sorellanza, di vita nuova. Le vostre storie si fondono in un coro che nessuno potrà più mettere a tacere.

Siete musica.

Non sarete più sole. Mai più. Perché ora la vostra voce è diventata la voce di tutte, il vostro coraggio la luce che illumina la strada per le altre. E in questa luce, in questa verità condivisa, c'è la promessa di un domani dove nessuna donna dovrà più camminare nell'ombra scura del silenzio.

E mi rivolgo anche a te, Maria, che un giorno hai varcato la soglia del mio studio, fragile, sola e impaurita, ma con un grido potente chiuso nel petto. Un grido che forse deve ancora essere liberato.

Vuoi ancora gridare, Maria?

Spero tu torni a cercarmi. Se lo farai, troverai qui non solo me, ma anche le mie ragazze coraggiose. Perché ogni storia che si rivela è una tessera che si aggiunge al grande mosaico della verità: anche spezzate, anche ferite, anche non perfettamente ritagliate, le vostre storie sono pietre preziose. Perché sono le vostre vite e perché sono speranza.

Insieme, siete un'opera d'arte che si compone nell'intimità delle vostre confidenze, nella forza delle vostre testimonianze, nella verità che tutte ostinatamente cercate. E scegliere la verità è un atto di coraggio straordinario.

«Le persone che amano per davvero sono capaci di fare scelte importanti.» Me lo disse una sera mio padre, seduti fuori, nella nostra casa in Sicilia, una sera di estate senza luna ma piena di stelle.

«Papà, non tutte le scelte sono uguali. Ci sono scelte più difficili delle altre, che forse devono fare un percorso diverso.» Sospirai e alzai gli occhi al cielo, a scrutare il firmamento. Mio padre mi guardò con quell'aria quieta che placava ogni mia tempesta, e mi rispose placido: «Le persone che amano per davvero sono capaci di fare scelte difficili e importanti».

Esiste una storia zen che mi fu narrata da un carissimo amico, che ora non c'è più. Un racconto breve ma prezioso, che merita di essere condiviso a questo punto:

> Un pellegrino percorreva il suo cammino, quando incontrò un uomo che sembrava essere un monaco che era seduto su un campo. Vicino a questo monaco, sempre nel campo, alcuni uomini lavoravano presso un edificio di pietra.
> «Sembri un monaco» disse il pellegrino.
> «Lo sono» rispose il monaco.
> «Chi sono questi che stanno lavorando all'abbazia?»
> «I monaci» rispose. «Io sono l'abate.»
> «È magnifico vedere costruire un monastero» disse il pellegrino.
> «Lo stiamo distruggendo» esclamò l'abate.
> «E perché?» chiese stupito il pellegrino.
> «Per potere vedere il sole sorgere ogni mattina.»

Epilogo

C'è una cosa che in questo libro mi sarebbe piaciuto tanto raccontare e non è stato possibile. Questo certo non per mia mancanza di volontà, ma perché quanto auspicavo non è ancora accaduto. Avrei voluto raccontare la storia giudiziaria di una suora abusata e della condanna del suo abusatore, un processo che rende giustizia alla vittima di abusi.

I processi sono importanti per la coscienza sociale, perché guardare in faccia le vittime, ascoltare le loro voci, sentire i loro avvocati e gli avvocati degli imputati consente di visualizzare uno spaccato di società che tutti pensiamo di conoscere ma che, invece, non conosciamo affatto, se non per informazioni sommarie o per sentito dire. Che ne sappiamo, infatti, noi, di come vivono le suore? Delle loro emozioni e delle loro sofferenze?

Mi sarebbe piaciuto raccontare per una suora abusata quello che è successo alla fine degli anni Settanta grazie al coraggio di una giovane donna, Fiorella, e del suo straordinario avvocato difensore, Tina Lagostena Bassi. Il coraggio e la forza di queste donne hanno contribuito a cambiare la coscienza sociale sugli stupri. Quel processo ha piantato i semi per quella che sarebbe stata la nuova normativa sulla violenza sessuale, che ha visto, però, la luce solo quasi venti anni dopo. Ma l'ha vista e senza quel seme chissà quando sarebbe avvenuto.

Ripercorro brevemente la storia. Fiorella, la vittima, aveva appena diciotto anni e il desiderio di un lavoro stabile. Rocco Vallone, un conoscente, la invitò in una villa di Nettuno, dicendole che l'avrebbe presentata ai soci di una ditta di costruzione con l'auspicio di farla assumere da questi uomini come segretaria della loro azienda. In quella villa, Vallone la picchiò e la stuprò. Fiorella fu stuprata anche da altri tre amici del Vallone, Cesare Novelli, Claudio Vagnoni e Roberto Palumbo, che intervennero successivamente al primo stupro e che, stuprandola a loro volta, la tennero sequestrata per tutto il pomeriggio. Il mattino dopo Fiorella sporse denuncia per «ratto a fine di libidine» e «violenza carnale».

Tre dei quattro indagati – uno si dette immediatamente alla fuga – davanti alla polizia riconobbero i fatti, ma poi cambiarono più volte versione.

In dibattimento gli imputati tornarono ad ammettere di avere consumato rapporti sessuali con Fiorella, ma aggiungendo che erano assolutamente consenzienti e a pagamento. Gli imputati, infatti, avrebbero pattuito un compenso di duecentomila lire, così, durante il processo, Fiorella divenne, per bocca dei suoi carnefici, una puttana, pure abbastanza scarsa nel suo lavoro, perché le duecentomila lire non le sarebbero state consegnate in quanto gli imputati non furono soddisfatti della prestazione della giovane.

Quel processo costituì davvero uno spartiacque nella coscienza sociale. Gli avvocati degli imputati fecero del loro meglio per svilire, umiliare e colpevolizzare Fiorella. Tutto quello che era capitato alla giovane era solo per causa sua. Le chiesero se e in che modo fosse stata picchiata, se ci fosse stata *fellatio cum eiaculatione in ore* e altri orribili e insinuanti dettagli sulla violenza. Svilirono la madre della ragazza chiedendole, tra le altre cose, perché la figlia, che era fidanzata, frequentasse altri uomini o si soffermasse al bar. In fondo, si sa, il frutto non cade mai lontano dall'albero.

Proprio la *fellatio cum eiaculatione in ore*, ad avviso dell'avvocato Giorgio Zeppieri, difensore del Vagnoni, anche lui imputato, era la prova che Fiorella era consenziente. Una puttana consenziente che non si era neppure meritata il compenso di duecentomila lire per la prestazione pattuita. E bisognava proprio vederle e ascoltarle le arringhe difensive, perché montassero nella coscienza sociale lo sdegno e la rabbia. Ne riporto qualche stralcio.

Afferma l'avvocato Zeppieri:

> I fatti? Guardateli in concreto. Qui si tratta di una ragazza, senza offesa, perché signori miei, io non ho una cattiva opinione affatto delle prostitute [...] qui si tratta di una ragazza che ha degli amanti a pagamento [...]. Signori miei, una violenza carnale con *fellatio* può essere interrotta con un morsetto. L'atto è incompatibile con l'ipotesi di una violenza. Tutti e quattro avrebbero incautamente abbandonato nella bocca della loro vittima il membro, parte che per antonomasia viene definita delicata dell'uomo. E su cui, mi si consenta, il coito orale si compie con una funzione che è tecnicamente qualificata, e che esprime una serie di atti voluti. Eh sì, mi posso abbandonare, ma io lì non mi abbandono, sono io che posseggo. Lì il possesso è stato esercitato dalla ragazza sui maschi, dalla femmina sui maschi. È lei che prende, è lei che è parte attiva, sono loro passivi, inermi, abbandonati, nelle fauci avide di costei! Ma la signorina che cosa pratica con il Vallone di cui è, era, l'amante, l'amica amorosa, fu in quell'occasione l'amante, l'amica amorosa? Si fa praticare il *cunnilingus* dal suo amico amoroso, che s'inginocchia davanti a lei, e la bacia teneramente su quella che il divino Gabriele, suo illustre corregionale Signor Presidente, chiama «la seconda e più trepida bocca», da cui sugge il piacere di lei. Quindi, che cosa è il *cunnilingus*? È più che l'amore, è l'adorazione sessuale, e tende al piacere della

femmina. E chi la pratica, il violentatore? Ecco l'incompatibilità fisiologica, sessuale! È l'amante che può fare questi gesti.

L'avvocato Angelo Palmieri, difensore di Cesare Novelli, altro imputato, addirittura se la prende con la sconsiderata volontà delle donne di essere considerate al pari degli uomini:

> La violenza c'è sempre stata [...] Non la subiamo noi uomini? Non la subiamo noi anche da parte delle nostre mogli? E come non le subiamo? Io oggi per andare fuori ho dovuto portare due testi con me! L'avvocato Mazzucca e l'avvocato Sarandrea, testimoni che andavo a pranzo con loro, sennò non uscivo di casa. Non è una violenza questa? Eppure, mia moglie mica mi mena. È vero che siete testimoni? Siete testi? E allora, Signor Presidente, che cosa abbiamo voluto? Che cosa avete voluto? La parità dei diritti. Avete cominciato a scimmiottare l'uomo. Voi portavate la veste, perché avete voluto mettere i pantaloni? Avete cominciato con il dire: «Abbiamo parità di diritto, perché io alle nove di sera debbo stare a casa, mentre mio marito, il mio fidanzato, mio cugino, mio fratello, mio nonno, mio bisnonno vanno in giro?». Vi siete messe voi in questa situazione. E allora ognuno purtroppo raccoglie i frutti che ha seminato. Se questa ragazza si fosse stata a casa, se l'avessero tenuta presso il caminetto, non si sarebbe verificato niente.

Ma come è passato per la testa alle donne di volere gli stessi diritti degli uomini? Di volere la parità?

Bisognava sentirle e vederle queste parole, lo ripeto. Bisognava conoscere l'approccio squallidamente maschilista nella difesa degli imputati e il pregiudizio sociale utilizzato contro la vittima perché si cominciasse almeno a pensare: *Ora basta*.

L'avvocato Tina Lagostena Bassi invertì la rotta, scosse le coscienze, difese in modo esemplare Fiorella e le donne in generale. Disse che si trovava in quell'aula di tribunale non solo per Fiorella, ma anche per tutte le altre donne:

> Noi chiediamo giustizia, non vi chiediamo una condanna severa, pesante, esemplare. Non ci interessa la condanna, noi vogliamo che in questa aula ci sia resa giustizia ed è una cosa diversa. Che cosa intendiamo quando chiediamo giustizia come donne? Noi chiediamo che anche nelle aule dei tribunali ed attraverso ciò che avviene nelle aule dei tribunali si modifichi quella che è la concezione culturale del nostro paese e si cominci a dare atto che la donna non è un oggetto [...]. Ancora la difesa dei violentatori considera le donne come solo oggetti con il massimo disprezzo.

E Tina Lagostena Bassi fa un esempio, semplice, ma straordinariamente efficace, per dimostrare che gli stupri – e conseguentemente le vittime degli stupri – vengono trattati in modo diverso da come vengono trattati gli altri reati:

> [...] perché la difesa è sacra ed inviolabile è vero, ma nessuno di noi avvocati, e qui parlo come avvocato, si sognerebbe di impostare una difesa per rapina così come si imposta un processo per violenza carnale. Nessuno degli avvocati direbbe, nel caso di quattro rapinatori che con la violenza entrano in una gioielleria e portano via gioielli e beni patrimoniali [...], nessun avvocato si sognerebbe di cominciare la difesa, che comincia attraverso i primi suggerimenti dati agli imputati, di dire ai rapinatori: «Vabbè dite che però il gioielliere ha un passato poco chiaro, dite che il gioielliere in fondo, ha ricettato, ha commesso reati di ricettazione, dite che il gioielliere, poi, è un usuraio che specula, che guadagna, che evade le tasse». Ecco, nessuno si sognerebbe di fare una difesa di questo genere infangando la parte lesa soltanto [...]. Allora io mi chiedo perché se invece che

> quattro oggetti d'oro l'oggetto del reato è una donna in carne e ossa, perché ci si permette di fare un processo alla ragazza e questa è una prassi costante, il processo alla donna, la vera imputata è la donna [...]. Se si fa così, è solidarietà maschilista, perché solo se la donna viene trasformata in un'imputata, solo così si ottiene che non si facciano denunce per violenza carnale.

Poi, Tina Lagostena Bassi dice una cosa tanto bella quanto allo stesso tempo banale e rivoluzionaria: «Una donna ha diritto di essere quello che vuole e senza bisogno di difensori, e io non sono il difensore della donna Fiorella, io sono l'accusatore di un certo modo di fare processi per violenza, ed è una cosa diversa». E conclude così: «L'ora è tarda e noi vogliamo giustizia».

Quel processo, che eccezionalmente non avvenne a porte chiuse per volontà di Fiorella e su consiglio dell'avvocato Lagostena Bassi, scosse la società italiana. La stampa e il pubblico ebbero libero accesso all'aula del tribunale e sei giovani donne realizzarono un documentario, che fu trasmesso la prima volta in seconda serata da Rai 2 il 26 aprile 1979. Sessantatré minuti che cambiarono la storia dello stupro.[1]

Tina Lagostena Bassi, alcuni anni dopo, ebbe a commentare quanto la trasmissione in tv del documentario fosse stata sconvolgente per gli spettatori perché fu finalmente possibile vedere cosa avveniva durante un processo, come gli avvocati difensori degli imputati di stupro potevano essere altrettanto violenti nei confronti delle donne: rovistando e sezionando i dettagli della violenza e la vita privata della parte lesa, puntavano a screditarne la credibilità e finivano per trasformarla in imputata. L'atteggiamento mentale che emergeva in aula era che una donna «di buoni costumi» non poteva in alcun modo essere violentata; che se ci fosse stata una violenza, questa evidentemente sarebbe stata provocata da un comportamento della donna, che in qualche modo l'aveva determinato; che se non ci fosse stata una dimostrazione di avvenuta violenza fisica o di evidente ribellione, la vittima avrebbe dovuto essere per forza consenziente.

Ecco, a me sarebbe piaciuto scrivere una pagina così. Un processo, la storia processuale di una suora abusata e del suo abusatore. Avrei voluto raccontare come il pubblico ministero aveva formulato le accuse nella loro gravità; la deposizione accorata della vittima, la sua commozione e le sue fragilità. Avrei voluto raccontare le sue pause, le sue mani che si tormentano, forse i suoi pianti. Avrei voluto raccontare anche la difesa del carnefice – se mai non si fosse avvalso della facoltà di non rispondere – e il racconto lucido e attento dei testimoni. Poi avrei voluto raccontarvi la discussione: la requisitoria del pubblico ministero e le arringhe difensive, tutte accorate, sentite.

Poi, avrei voluto raccontarvi l'attesa della sentenza e il rumoreggiare dell'aula per gli umori del pubblico e la campanella che annuncia la sentenza. Avrei, infine, voluto raccontarvi il silenzio e l'emozione di tutti nel sentire «In nome del popolo italiano...» e poi la parola «condanna...»; l'esplosione di gioia nel cuore nel comprendere che quella suora era stata creduta e aveva ottenuto finalmente giustizia, con una punizione esemplare del suo carnefice.

Mi sarebbe piaciuto raccontare questo processo perché sarebbe servito a sensibilizzare la coscienza sociale sugli abusi sulle religiose. Sarebbe servito a fare capire come la manipolazione fatta in nome di Dio possa produrre effetti mostruosi. Come uno stupro, giustificato in nome di Dio – uno stupro sacro – devasta l'anima, il corpo e la vita tutta di chi lo subisce.

Sarebbe servito a smuovere la coscienza di chi copre i sacerdoti abusatori, perché avrebbe compreso di quali reati si fosse reso complice, perché la responsabilità del male che arreca quell'abuso è anche colpa sua.

Sarebbe servito, infine, al legislatore, per formulare delle ipotesi di reato specifiche per questi abusi, di cui si conosce ancora troppo poco, perché le suore non denunciano, vittime di un sistema in cui non hanno né parola né libertà.

Io questa storia non l'ho potuta raccontare e sono assai dispiaciuta per non averlo potuto fare, ma spero davvero lo faccia presto qualcuno dopo di me. Perché la verità non è mai inutile e perché «l'ora è tarda e noi vogliamo giustizia».

Ringraziamenti

Questo libro è frutto di un lavoro complesso, che è stato possibile solo grazie all'aiuto di persone generose.

Grazie, prima di tutto, a Gloria, Mirjam, Samuelle, Klara e Pia, le mie ragazze coraggiose, per avere scelto me come loro avvocato e per la fiducia che mi hanno accordato anche per la stesura di questo libro.

Ringrazio, in particolare, Gloria, Mirjam e Samuelle anche per il loro aiuto certosino e attento, non solo nella ricostruzione dei fatti, ma anche per la ricerca di fonti e per le verifiche, per le quali sono state determinanti. Sono state straordinariamente laboriose, precise, efficaci e sempre affettuose.

Vi voglio tanto bene, ragazze.

Ringrazio Giuseppe, mio marito, la quota azzurra del gruppo, che ha saputo ascoltare, dialogare e all'occorrenza farsi da parte, quando la sorellanza si tingeva solo di rosa.

Grazie alla dottoressa Sonia Famà, per l'amicizia e per l'altissima professionalità che ha messo a nostra disposizione. Da vera amica e da professionista ha saputo fermarmi senza indugio quando mi stavo spingendo forse troppo in là.

E grazie anche a quei buoni e attenti amici che hanno ragionato con me su alcune questioni importanti di questo libro, che poi ho deciso di non affrontare, e alle mie richieste hanno risposto con un secco «no» oppure «non sono d'accordo», motivandomi accuratamente il diniego. I confronti leali, schietti e sinceri sono sempre arricchenti e portano sempre un po' più in là, anche se «un po' più in là» non era il posto che mi ero prefissata di raggiungere.

Un ringraziamento va anche a tutte quelle donne, suore ed ex suore, che mi hanno raccontato la loro storia ma mi hanno chiesto, poi, in prossimità della stampa del libro, di non pubblicarla, per paura di essere riconosciute e di subire ritorsioni. Ho rispettato la loro scelta assolutamente legittima, ma mi auguro che dal racconto delle mie ragazze coraggiose possano trarre forza e denunciare i loro abusatori, raccontando quanto hanno subito.

Debbo ringraziare anche chi mi ha aiutato fornendomi informazioni importanti, in modo anonimo o mettendoci la faccia.

Grazie a Fiorenza Sarzanini, per avere voluto raccontare con noi questa storia al *Tempo delle donne*, e a Gianluigi Nuzzi, per averci ospitate più volte a *Quarto Grado*.

Grazie ancora a tutti quei giornalisti che delle mie ragazze coraggiose hanno voluto scrivere e raccontare, chiedendo insieme a noi verità e giustizia.

Un ringraziamento speciale va a Raffaele Mozzillo, perché senza la fretta che mi ha messo in questi mesi, non avrei mai scritto una riga. Grazie Móz, a buon rendere. Prima o poi ti perseguiterò pure io.

Grazie a Manuela Galbiati, la mia adorata editor, per la fiducia e per la sua amicizia.

Ringrazio di cuore tutte le persone che mi hanno scritto, telefonato, fermato per strada per dirmi una parola buona e incoraggiarmi ad andare avanti, perché la verità è patrimonio di tutti.

E grazie, infine, a mio padre, che non se n'è mai andato e che so non se ne andrà mai.

Note

1. Quando l'esercizio del potere non è evangelico

1 Le testimonianze citate in questo libro in forma diretta o indiretta e delle quali non è specificata la fonte in nota sono state rese all'autrice.
2 Fondato nel marzo 2021, è un portale di informazione che offre uno sguardo privilegiato sull'attività del Santo Padre, della Santa Sede e della Chiesa cattolica (consultabile all'indirizzo https://silerenonpossum.com/it/).
3 *Matteo*, 18, 7.
4 Étienne de La Boétie (Sarlat, 1° novembre 1530 – Germignan, 18 agosto 1563) è stato un influente filosofo, scrittore e giurista francese del Rinascimento. Figura centrale del pensiero politico moderno, è principalmente ricordato per il suo rivoluzionario *Discorso sulla servitù volontaria* (*Discours de la servitude volontaire*), scritto probabilmente intorno al 1549, quando aveva appena diciannove anni.

4. Gloria, la luce nonostante la vetrata

1 Canone 977 del codice di diritto canonico. Un sacerdote non può assolvere una persona con cui ha commesso un peccato grave (come un rapporto sessuale), in quanto sarebbe lui stesso coinvolto nel peccato e quindi non in grado di esercitare validamente il ministero della riconciliazione.

2 Belgrado, così come tutta la Serbia, ha una popolazione prevalentemente ortodossa, mentre i cattolici sono una minoranza, che proviene perlopiù da Stati limitrofi. In un luogo del genere, il vescovo ha il ruolo importantissimo di ponte e di facilitatore del dialogo tra la Chiesa cattolica e la Chiesa ortodossa.
3 Si tratta del giornale della Provincia Italiana Settentrionale dei Sacerdoti del Sacro cuore di Gesù – Dehoniani (consultabile all'indirizzo https://www.settimananews.it/vita-consacrata/rupnik-non-la-compagnia/).

7. Samuelle, la fogliolina d'acciaio

1 Khalil Gibran, *Aforismi*, Edizioni Theoria, Santarcangelo di Romagna 2019.

9. L'arte dell'abuso

1 Dichiarazione riguardante la dimissione di padre Marko Rupnik dalla Compagnia di Gesù, 15 giugno 2023 (consultabile all'indirizzo https://gesuiti.it/padre-marko-rupnik-e-stato-dimesso-dalla-compagnia-di-gesu/).
2 Rapporto di padre Libanori del 18 ottobre 2022, tratto dal sito Silere Non Possum, *De Donatis sceglie la via del silenzio e Libanori non ci sta. Si spacca il Consiglio Episcopale*, 19 dicembre 2022 (consultabile all'indirizzo https://silerenonpossum.com/it/rupnik-case-dedonatis-libanori-il-silenzio/).
3 Suor Katharina Kluitmann, *Abuso spirituale. Una breve introduzione al tema*, Unione delle conferenze europee dei/lle superiori/e maggiori (Ucesm) (consultabile all'indirizzo https://www.ucesm.net/cms/wp-content/uploads/Abuso_spirituale_Sr_Katharina_Kluitmann.pdf).
4 *Cronologia delle indagini sulle accuse a padre Marko Rupnik*, 20 dicembre 2022(consultabile all'indirizzo https://www.jesuits.global/it/2022/12/18/caso-rupnik-i-gesuiti-invitano-chiunque-abbia-subito-abusi-a-contattarli/).

5 F. Tourn, *Nuove accuse al gesuita Rupnik: si allarga lo scandalo che sta scuotendo la Chiesa*, «Domani», 23 dicembre 2022.
6 F. Tourn e M. Zidar, *Abusi, mosaici e milioni, ecco la società segreta di Rupnik*, «Domani», 14 aprile 2023.
7 *Ibidem.*
8 *Ibidem.*
9 *Ibidem.*
10 https://www.centroaletti.com/ustanova-center-aletti/ (pagina consultata il 17 dicembre 2024 alle ore 18,04).
11 F. Tourn e M. Zidar, *Abusi, mosaici e milioni, ecco la società segreta di Rupnik*, cit.

10. Storia e geografia degli abusi

1 F. Giansoldati, *Cile, ex suora confessa: «Molestata e abusata dalla madre superiora»*, «Il Messaggero», 30 maggio 2018.
2 G. Galeazzi e G.A. Orighi, *Vita segreta dei legionari di Cristo*, «La Stampa», 2 aprile 2009.
3 A. Espinosa, *El Ilusionista, Marcial Maciel*, Createspace Independent Publishing Platform, 2014. La citazione è tratta dalla quarta di copertina di questa biografia non autorizzata scritta da uno dei primi «discepoli» di Maciel che, da adolescente, fece parte di quello che l'autore stesso chiama «l'harem» del prete di Cotija.
4 S. Leplâtre, *Le Vatican était au courant des agressions sexuelles commises par l'abbé Pierre depuis des années, selon le pape François*, «Le Monde», 13 settembre 2024 [*traduzione dell'autrice*].
5 A. Mardon, *Quand l'Église détruit*, Editions L'Harmattan, Parigi 2019 [*traduzione dell'autrice*].

11. Un fenomeno psicologico e sociale

1 Dottoressa Rosalba Morese, ricercatrice in Psicologia e neuroscienze sociali all'Usi, a margine del convegno *Manipolazione psicologica e salute mentale*, tenutosi a Lugano il 14 ottobre 2023.

2 Suor Katharina Kluitmann, *Abuso spirituale. Una breve introduzione al tema*, Unione delle conferenze europee dei/lle superiori/e maggiori (Ucesm) (consultabile all'indirizzo https://www.ucesm.net/cms/wp-content/uploads/Abuso_spirituale_Sr_Katharina_Kluitmann.pdf).

3 La dottoressa Sonia Famà presta la sua consulenza professionale per l'analisi e la valutazione psicologica delle vittime di abusi da me assistite.

4 J. Poujol, *Abus spirituels. S'affranchir de l'emprise*, éditions Empreinte temps présent, Parigi 2015, pp. 9-12 [*traduzione dell'autrice*].

5 Dottoressa Sonia Famà, dialogando con l'autrice.

6 D. de Lassus, *Schiacciare l'anima. Gli abusi spirituali nella vita religiosa*, Edb – Edizioni Dehoniane, Bologna 2021, ed. digitale.

7 D. Reisinger, *Abuso spirituale e vita religiosa* (consultabile all'indirizzo http://www.ucesm.net/cms/wp-content/uploads/Abuso_spirituale_Doris_Reisinger.pdf).

8 Dottoressa Sonia Famà, dialogando con l'autrice.

9 Concilio Ecumenico Vaticano II, costituzione pastorale *Gaudium et spes*, n. 16: AAS 58/1037.

10 D. Reisinger, *Abuso spirituale e vita religiosa*, cit.

11 Concilio Ecumenico Vaticano II, costituzione pastorale *Gaudium et spes*, n. 16: EV 1/1369.

12 Dottoressa Sonia Famà, dialogando con l'autrice.

13 J. Poujol, *Abus spirituels*, cit., p. 72 [*traduzione dell'autrice*].

14 D. Reisinger, *Abuso spirituale e vita religiosa*, cit.

15 Morto nel 1982, Erving Goffman è stato un sociologo canadese naturalizzato statunitense, considerato uno dei sociologi più conosciuti e più autorevoli del Novecento. Studioso delle forme di interazione umana, nel 1961 viene pubblicata la raccolta di quattro saggi-indagine dal titolo *Asylums*, in cui descrive cinque tipologie generali di istituzioni totali, tra cui include anche le istituzioni che richiedono il distacco volontario dal mondo come conventi e monasteri.

16 Dalla testimonianza di suor Samuelle resa all'autrice.

17 Istat, *Piano di uguaglianza di genere 2024-2026*, Roma, 21 marzo 2024.

18 Presidenza del Consiglio dei ministri, dipartimento per le Pari opportunità, *Strategia nazionale per la parità di genere*, luglio 2021.
19 Eurostat, 2023.
20 L. Scaraffia, *Il lavoro delle donne nella Chiesa*, «LavoroDirittiEuropa», n. 3, 2019.
21 «DonneChiesaMondo», mensile dell'«Osservatore Romano», gennaio 2020.
22 *Dentro ai conventi. Tra le suore aumentano casi di "burnout" e abusi*, «Huffington Post», 23 gennaio 2020.
23 L. Scaraffia, *Il lavoro delle donne nella Chiesa*, cit.
24 Dati del 2019, in *ibidem.*
25 https://www.talithakum.info/it.
26 L. Scaraffia, *Il lavoro delle donne nella Chiesa*, cit.
27 *Ibidem.*
28 M.L. Kubacki, *Il lavoro (quasi) gratuito delle suore*, «DonneChiesaMondo», 2 marzo 2018.
29 U. Milano, *Papa Francesco frena l'idea del diaconato aperto alle donne: «Sono di grande servizio per la Chiesa, ma non come ministri»*, «Open», 22 maggio 2024.
30 A. Spadaro, *Non spaventarsi di nulla*, «La Civiltà Cattolica», 19 ottobre 2024.
31 M.L. Kubacki, *Il lavoro (quasi) gratuito delle suore*, cit.

12. Tra silenzio e riforma: la Chiesa alla prova degli abusi

1 Bollettino della sala stampa della Santa Sede n. 184 del 5 maggio 1998.
2 L. Sgrò, *Sangue in Vaticano*, Rizzoli, Milano 2022, p. 11.
3 Giovanni Paolo II, *Veritatis splendor*, enciclica n. 10, 6 agosto 1993.
4 Discorso consultabile all'indirizzo https://www.youtube.com/watch?v=oYIkY3-oyHk, minuto 18,37.
5 L. Sgrò, *Cercando Emanuela*, Rizzoli, Milano 2023, p. 37.
6 F. Manti, *«Esiste un dossier Orlandi». Così il magistrato vaticano, ma la Santa Sede nega*, «il Giornale», 28 novembre 2024.
7 L. Sgrò, *Sangue in Vaticano*, cit., pp. 61-69.

8 N. Fabrizio, *Le vittime di Rupnik, «Via i suoi mosaici, ci offendono»*, Ansa, 28 giugno 2024.
9 *Ibidem.*
10 Comunicato di monsignor Jean-Marc Micas del 2 luglio 2024. Le citazioni che seguono sono tutte tratte dal comunicato e tradotte dall'autrice.
11 *Caso Rupnik, coperti i suoi mosaici in due chiese degli Stati Uniti: «Sono delle ferite per le vittime»*, «la Repubblica», 13 luglio 2024.
12 D. Reisinger, *Abuso spirituale e vita religiosa* (consultabile all'indirizzo http://www.ucesm.net/cms/wp-content/uploads/Abuso_spirituale_Doris_Reisinger.pdf).
13 Comunicazione privata del 2 gennaio 2023 tra padre Libanori della Compagnia di Gesù e le sorelle della Comunità Loyola.

13. La ferita e la carezza

1 *Luca*, 22,27.
2 *Matteo*, 25,31-46.

Epilogo

1 Il film documentario *Processo per stupro*, trasmesso dalla Rai nel 1979, ha segnato una svolta nella televisione pubblica italiana. Frutto della collaborazione tra sei pioniere dell'audiovisivo – Loredana Rotondo, Rony Daopulo, Paola De Martis, Annabella Miscuglio, Maria Grazia Belmonti e Anna Carini – rappresentò la prima volta in cui un processo per violenza sessuale venne documentato e trasmesso sul servizio televisivo nazionale. Le autrici, che univano competenze di programmazione televisiva, regia e produzione cinematografica, realizzarono un lavoro che avrebbe influenzato profondamente il modo di raccontare e affrontare questo delicato tema nei media italiani.

Indice

Finito di stampare nel mese di febbraio 2025
su carta HOLMEN
con fibra vergine proveniente da foreste sostenibili
holmen.com/paper
presso Grafica Veneta S.p.A.
Via Malcanton 2 – Trebaseleghe (PD)

Printed in Italy